TOP10
Mike
Hwang
지음

돈꿈사

머리말

크게 성공한 사람 3명이 서로 모르는데, 똑같은 말을 한다면, 그 말이 진리일 수도 있지 않을까요? 3명이 아니라 10명, 100명, 아니 1,000명이라면?

저 역시 돈, 꿈, 사랑의 성공을 위해 무엇이 사실인지 궁금했습니다. 제가 그동안 읽은 책이 3천 권 가량이고, 자기계발이나 경제경영 서적도 수백 권입니다.

목적 없이 방황하고 좌절하며 살다가 20대 후반에 삶의 원칙과 진리를 깨닫고, 제 인생의 큰 그림을 알게 됐습니다. 아직 모든 것이 이뤄지지는 않았지만, 지금 말하는 것이 더 믿음을 줄 수 있으리라 생각해서 이 책을 집필했습니다.

이 책의 내용이 100% 옳지는 않습니다. 다만, 제가 현재 옳다고 믿는 것들일 뿐입니다. 저도 변하고, 세상도 변할 것입니다. 하지만 주된 원칙은 변하지 않습니다. 20대에 이 책 내용의 절반만 믿고 실행하더라도 30대~40대부터는 경제적으로, 정신적으로 안정된 삶을 살 수 있을 것입니다.

자신에게 틀렸다는 말을 좋아할 사람은 없습니다. 이 책의 일부 내용이 불편할 수 있습니다. 그래도 그렇게 쓴 이유는 더 옳게, 행복하게 살고 싶은 사람들을 위한 것입니다.

현실은 쓰고 독합니다. 그렇다고 피해갈 수 없습니다. 더 지혜롭게 대처할 수 있을 뿐입니다. 적어도 제 주변 사람들은, 더 적게는 제 자식들은 저보다 일찍 풍요롭게 살았으면 좋겠습니다. 그 지혜를 깨닫는다면, 어둠의 세상에서 빛을 향해 소신과 사명을 갖고 살아간다면, 언제 죽더라도 여한이 없을 것입니다.

차례

나

세상에서
가장
소중한

TOP 1

65세. 부러울 것 없이 살았다. 사업과 부동산 투자로 모은 자산은 1700억. 200평 집에 아내와 3명의 자녀, 5대의 자동차를 가지고 있다. 일이 재미있어 열심히 일만 하다 보니, 가정에는 소홀한 점이 항상 미안했다.

그날 새벽은 다른 날보다 추웠다. 아침 6시에 일어나서 그날 할 일을 정리하고 간단하게 식사했다. 그리고 회사로 출근하는 도중, 가슴이 쥐어짠 듯하게 아프다가 정신을 잃고 쓰러졌다. 병원에서는 심근경색증으로 심장이 멈췄다며 장례식을 준비하라고 했다.

천사가 나타나서 말했다. 삶에 미련은 없는가라고. 삶은 만족스러웠지만 가족에게 인사도 못 했으니 1년만 더 살고 싶다고 했다. 천사는 그것은 심근경색으로 죽은 다른 사람들과 공평하지 않다며, 가진 재산을 모두 기부하는 조건으로 1년을 더 살게 해주겠다고 했다.

1700억 없이 아내와 자식들은 살 수 없을 것이다. 반면에 나와 함께하는 1년간의 추억이 전 재산보다 가치 있다고 생각하지 않을 것이다. 천사에게 1000억을 드릴 테니 6개월만 살 수 있게 해줄 수는 없냐고 했더니, 불가능하다고 했다. 몇 번의 협상 끝에 1680억을 주고 한 달간 더 살 수 있게 됐다. 참 다행이다. 20억이면 부동산이나 사업할 정도는 되니까.

기적같이 심장이 다시 뛰기 시작했다. 남은 한 달간 가족과 여행도 가고, 영화도 봤다. 손자, 손녀들과 대화도 많이 나눴다. 어떻게 인생을 살고 돈을 관리하는지 알려줬다.

한 달이 다 되어가자 돈을 기부하기가 아까웠다. 설마 다시 죽겠어 싶었는데, 이번에는 첫째 아들이 심근경색으로 쓰러진 것이다. 다행히 죽지는 않았지만, 돈을 기부하지 않으면 안 되겠다는 생각이 들었다. 다음날 가족들에게 천사를 만난 이야기를 해주고 20억을 제외한 재산을 기부했다.

위의 이야기는 몇 가지 실화를 바탕으로 각색한 것이다. 인생의 하루하루가 얼마나 소중한지 안다면, 분명히 다르게 살 것이다. 하루 목숨을 연장하는 가치가 어떤 사람에게는 10만 원이겠지만, 어떤 사람에게는 10억일 수도 있다. 만약 1년을 더 사는 약이 있다면 얼마까지 지불할 수 있는가?

누구에게나 있지만, 없어지기 전까지는 누구도 소중한 줄 모른다. 신의 선물이란 그런 것이다.

나: 세상에서 가장 소중한

사랑했던 마음이 클수록, 이별했을 때의 고통도 크다. 그 일을 이루기 위해 쓴 시간이 많을수록, 그 일이 실패했을 때의 고통도 크다.

나는 20년을 노력했다. 음악이 내 여자친구였다. 어려서는 음악만 잘 만들면 모든 게 다 잘될 줄 알았다. 부모님께서는 무슨 일을 하든 10년만 하면 먹고는 산다고 하셨는데, 음악을 20년 했지만 먹고 살 수 없었다.

이별의 느낌이란, 마치 열심히 달리던 버스가 목적지를 잃는 것 같다. 내 마음과 몸은 아직도 달리고 있는데, 달리는 의미는 사라진 것이다. 버스로 태어났기에 달려야만 하는데, 달려온 시간만큼 멈출 시간도 필요한데, 세상은 멈출 여유를 주지 않는다.

음악의 실패가 그랬다. 평생을 바쳐 만든 음악이 객관적으로 '어떻다'는 것을 깨달았다. 그렇다고 남을 위한 음악은 더 만들 수 없다. 평생 삼류로 살다가 죽는 길이었다. 음악 말고는 할 수 있는 것도 없음에도 음악에 대한 애정이 사라졌다.

슬럼프와 괴로움으로 여러 번 음악이 나를 찼지만 버텼다. 그런데 태어나서 처음으로 내가 음악을 찬 것이다.

지금 생각하면 음악은 아무 잘못도 없다. 음악에 대한 사랑이 아니라, 어떤 명예나 부, 경쟁, 돈, 목적 등 다른 요소에 욕심을 낸 내 잘못이다.

24살까지 거의 평생 하던 음악을 포기하자 내가 잘할 수 있는 것은 아무것도 없어 보였다. 그때 하나님께서 나를 만드셨다면, 내가 무슨 일을 해야 될지 나보다 더 잘 아시리라 생각이 들었다. 내가 하나님 보시기에 마음에 드시지 않을지라도, 보잘것없는 사람일지도 모르겠지만, 그래도 옳게 살겠다고 하나님 말씀 지키려고 고등학교도 포기했는데, 기도하면 들어 주시지 않을까?

제가 앞으로 무엇을 해야 될지 알려주세요.라고 기도하고 잠이 들었다.

꿈을 꿨다. 나는 말씀을 전파하고 빵을 굽는 일을 했다. 깨어나서 아직 말씀 전파할 자신이 없다고 기도하고는 다른 꿈을 꾸었다. 컴퓨터 관련한 어떤 것을 돕는 일이었다. 당시 방송국 PD 관련 수업을 받고 있었기에, 컴퓨터로 PD일을 하는 것일까? 생각하고 PD 준비를 시작했다.

어린 시절 겪은 것은 평생에 걸쳐 영향을 미친다. 그럼에도 환경의 영향보다 인간 개개인의 의지가 훨씬 더 강력하다고 믿는다. 물론 그 의지의 발현 또한 환경의 영향이 있긴 하다. 나의 사고 환경을 조금이나마 알 수 있는 글을 몇 개 써봤다. 이 책의 전하고자 하는 주제와는 관련이 없는 부분도 많으니 건너뛰어도 좋다.

아마 나의 첫 기억은 4살 때쯤, 어머니께서 나를 어린이집에 맡긴 것이다. 그리고, 5살 때쯤 옆집 오락실에서 '너클죠'라는 게임을 했던 기억도 있다.

6살 때 피아노를 배우기 시작했다. 오른손과 왼손을 따로 배우다가 처음 양손으로 '나비야'를 같이 치게 됐는데, 너무 어려워서 울면서 배웠다. 피아노를 배울 때는 몇 번 쳤는지 숙제를 내주는데 수첩에 1부터 10까지 적어주면 3번만 치고 10번 쳤다고 동그라미 치기도 했었다. 한번은 어머니께 피아노 치기 싫다고 했다가 우산으로 맞았던 기억도 있다. 어떤 일이든 10년 이상만 한다는 아버지의 말씀에, 내가 음악을 10년 하면 정말 그걸로 먹고 살 수 있을 줄 알았다.

아버지는 전자 회사를 다니시다가 그만두고, 개인 간

판사업을 했다가 실패해서 수천만 원의 빚을 졌다. 그리고 내가 7살 때 오락실을 시작하셨는데, 다행히 오락실 사업이 잘됐고, 어머니의 피아노 미술 학원도 잘돼서 삼양동(미아 삼거리역 근처) 사는 사람 치고는 (돈) 있는 집 자식으로 클 수 있었다.

두 분 다 맞벌이를 하느라 바빴지만, 화목한 가정을 만들기 위해 노력하셨다. 수요일은 영화 보는 날, 목요일은 고기뷔페, 금요일은 아이스크림 먹는 날 등 꾸준히 재미있는 이벤트를 했다. 가난한 중에서도 볼쇼이 발레단을 보기도 했고, 미아 삼거리에 있는 고급 뷔페에도 3번 정도 갔다. 구구단은 초등학교 입학하기 전에 어머니가 가르쳐줬고, 모든 궁금한 점은 아버지께 질문드렸다. 아버지는 아주 자세하게 가르쳐주곤 했는데, 너무 자세해서 지루한 경우도 많았다.

공부 목적의 학원은 19살 전에는 한번도 다니지 않았다. 나와 남동생은 매일 같이 오락을 하는데도, 아버지를 닮아서인지 공부 머리는 있어서 성적은 항상 상위권이었다. 오락실 때문에 애들 망친다고 하는 분들에게 댈 수 있는 핑계이자 부모님의 자랑이었다.

초등학교 시절에는 명예욕도 없고 나서기도 안 좋아해서 주변에서 시키면 매년 억지로 부반장을 맡아서 하곤 했었다. 예민하고 따지기 좋아하는 성격 때문에 주변 친구들이나 부모님들이나 모두 피곤해했다.

어머니는 일 년에 한두 번 촌지(돈)를 책 사이에 넣어서 선생님께 드리곤 했는데, 아이들 대부분이 그 사실을 알게 되어 부끄러웠다. 그럼에도 시킨 일이라 전달하지 않을 수도 없어서 매번 전달해드렸는데, 선생님 두 분은 촌지를 거절하시기도 했다. 20살 초반에 동창회에 갔는데 한 친구는 내 초등학생 때의 모습이 정말 재수 없었다고 했다. 그리고 선생님들이 나만 아끼는 것이 질투 났다고 말했다.

대부분의 또래처럼 초등학생 때 상을 많이 받았다. 국민학교(지금은 초등학교) 3학년 때, 신문에 초등학생이 작곡한 동요를 실어주곤 했는데, 작곡한 곡이 실리기도 했었다.

부모님께서는 나를 좋은 중학교를 보내고 싶어서 알아보니 클래식 쪽은 '예원학교'가 가장 좋은 과정이고, 국악 쪽은 '국립국악학교'가 가장 좋은 과정이었다. 클래식은 아무리 잘해도 외국인들 만큼 하기 어렵다는 생각에 '국립국악학교'에 시험을 봤다. '초록바다'와 '가을맞이' 중에 제비를 뽑아서 불렀다. 그리고 국어, 사회, 과학을 시험 본다. 두 곡을 성악가 선생님께 몇 개월간 개인 지도를 받았는데 천 번 넘게 부르지 않았나 싶다.

국립국악학교는 나라에서 많은 지원을 받는데, 교육비 무료, 급식비의 절반과 매월 만 원의 지원금을 받았다. 지원금은 졸업할 때 한 번에 돌려받는다. 선생님들도 더 좋은 선생님을 선별하는 듯 했다.

450명 정도가 시험을 봤고, 100명을 선발하는데, 작정하고 1년 가까이 준비했던 나는 6등으로 합격했다. 등수가 중요한 이유는 지방 학생들이 먼저 기숙사에 들어간 뒤에, 서울 학생들은 등수에 따라 기숙사의 남은 자리에 들어갈 수 있기 때문이다. 국립국악학교는 강남구 포이동에 있기 때문에, 삼양동에서는 한 시간 반이 넘게 걸린다. 왕복으로는 3시간인데 공부와 음악을 같이 하기에는 시간이 부족

했다. 또한 원하는 전공을 선택할 수 있는 권리도 성적순이다. 가야금은 신청한 인원이 많아 성적이 낮은 학생들은 들어갈 수 없다.

국립국악학교는(1994년 당시) 6개의 전공이 있었는데, 가야금, 거문고, 대금, 피리, 해금, 무용이다. 무용 전공은 따로 뽑는다. 국악학교 학생들은 연주용 악기를 개인 돈으로 사야 하는데, 악기의 가격은 피리가 3~5만 원 정도로 가장 싸고, 그다음 해금, 대금, 거문고, 가야금 순서이다. 가야금과 거문고는 오동나무를 말리는 과정 때문에 그 당시 연주용 악기가 150만 원, 현재는 300만 원 가량한다.

국립국악학교에 들어오기 전에 피리를 6개월가량 배웠는데, 가야금의 소리를 실제로 듣고는 가야금을 선택했다. 하프 소리도 아름답지만, 하프보다 더 깊고 마음을 휘어잡는 무언가가 있었다. 남자가 가야금을 전공하는 일은 드물었다. 그 때 2학년에 1명, 3학년에는 없었고, 우리 학년에는 2명, 이후에 들어오는 학년에는 아무도 없었다.

학교에 입학한 100명은 각 50명씩 2반으로 나뉘어서 다른 학교에서 공부하는 것과 똑같은 공부를 한다. 그리고 추가로 일주일에 2~3회 전공 수업이 있다. 부전공으로 1학년 때는 단소, 2학년 때는 정가, 3학년 때는 판소리를 배왔다. 또한, 국악 이론 수업과 특별활동 시간도 있었다. 가장 인상 깊었던 수업은 3학년 때 산조 합주 수업이었는데, 마치 재즈를 연주하는 듯한 즉흥연주 속에서 묘한 화음이 매력적이었다.

국립국악학교에서 만우절에는 악기를 바꿔서 연주하는데, 나는 피리 실력을 뽐내곤 했다. 가야금보다 피리에 더 소질이 있었는지, 2학년 때까지는 전공하는 친구들이 부러워할 정도였다. 3학년 때부터는 전교생 앞에서 돌아가면서 개인 연주회를 여는데, 그때쯤부터는 피리 전공하는 친구들이 나보다 훨씬 잘 연주하게 됐다.

초등학교 5학년 때 배운 쇼팽의 즉흥 환상곡을 가끔 학생들 앞에서 연주해서 약간의 명성(?)을 쌓기는 했었다. 그 당시 내가 보기에 무용과 10명을 제외한 90명 중에 평생 음악을 할 것처럼 보이는 사람은 5명 안팎이었는데, 그중에 나도 있었다. 19살까지는 음악이 내 인생의 전부였으니까.

어려서부터 음악을 해온 탓에 두각을 나타냈을 것 같지만, 실제 내 가야금의 실력은 20명 중에 7등 정도로 뛰어나지 않았다. 국악기는 특히 마음 상태와 많이 연관돼 있어서, 아주 가끔 마음이 평온할 때는 프로 연주자 이상으로 뛰어난 연주를 하기도 했었는데(그때는 모두들 놀랐다), 대부

분은 평균 정도나 그보다 약간 나았다. 개인 과외를 받기도 했는데 크게 나아지진 않았다.

중학생 때부터는 피아노로 원하는 곡은 대부분 칠 수 있게 되자, 피아노가 재미있어졌다. 공부하고 쉬는 시간 10분 동안 4~5층에 있는 피아노실에 올라가서 몰입해서 스트레스를 풀고 내려오곤 했다. 악기를 다룰 수 있는 것은 좋은 친구를 한 명 둔 것과 같다. 자신의 감정이 기쁘든 슬프든 악기는 그에 따른 대답을 해준다.

연주할 때 머릿속으로 외운 것을 연주하지는 않는다. 몸이 외운 연주를 한다. 어느 순간부터 머릿속은 실제 악보가 어땠는지 기억을 못 한다. 머리로는 음악의 느낌만을 생각하고 있고, 실제 연주는 몸이 하고 있다. 그렇기에 눈을 감고도 같은 연주를 할 수 있다. 연주를 하다 보면 어느 순간 보이지 않는 기의 형태나 색깔을 만들어 내고 있다는 느낌이 든다.

6살 이전에 피아노 소리를 꾸준히 들으면 대부분 절대음감이 생기는데, 나는 어머니 배속에서부터 피아노 소리를 들어서 절대음감이다. 음악적 재능은 타고난 편이라, 다른 사람의 연주를 듣고 비슷하게 따라 할 수 있었는데, 문제는 따라 하는 것을 싫어했다. 졸업할 때 즈음 가야금 연주가 무엇인지 조금 알게 됐는데, 그 소리가 그동안 선생님께서 보여주셨던 소리와 많이 닮아 있었다. 그 소리는 뭔가 잘 다듬어진 진주가 굴러가는 느낌이라고 해야 할까? 아무것도 모르는 상태에서 내 색깔을 만들기보다는 초반에는 선생님의 연주를 비슷하게 따라 하는 연습을 많이 하고, 후반에 가서 내 소리를 찾아갔다면 더 빠르게 성장할 수 있었을 것이다.

예술가의 길을 걷는다면 자신만의 색깔을 보여줄 수 있어야 한다. 예를 들어, 요요마는 아주 대중적인 첼로 연주를 한다. 누가 들어도 요요마인 것을 알 수 있다. 루빈스타인은 정말 대담하고 강렬한 쇼팽을 연주한다. 연주에서 많이 틀리긴 해도 그가 그리는 기의 형태는 정말 매력적이다. 큰 그림을 그릴 수 있으면 음표 몇 개를 잘못 친 것은 그다지 중요하지 않다.

어떤 곡을 연주하든, 그 곡과 소리에 스스로 만족할 수 있어야 하고, 확신이 있어야 한다. 남의 이야기는 중요하지 않다. 악보 그대로의 밋밋한 연주가 아니라 과장할 부분은 더 강하게, 약한 부분은 더 부드럽게 연주해서 무언가의 인상을 심어줘야 한다. 자신만의 해석과 자신만의 소리가 있어야 한다. 그럴 수 없다면 언젠가는 자신을 대체할 다른 사람이 나타나 사람들의 마음에 자리 잡을 것이다. 필요하

다면 악보를 수정하는 것도 좋다. 물론 그만한 능력을 갖추기는 쉽지 않다.

기숙사에는 수월하게 들어갔지만, 기숙사 생활은 수월하지 않았다. 가장 큰 문제는 기숙사 사감이었는데, 학생들을 엄하게 대해서 기숙사의 군기를 잡는 스타일이었다. 아주 작은 잘못을 해도 반성문을 써오게 하고(기숙사 내에서 뛰었거나, 음식을 남겼거나), 반성문을 열심히 써가면 다시 써오라고 하거나 바로 찢어버리기도 했다.

　나 역시 반성문을 몇 번이나 다시 썼는지 모른다. 한 번은 기숙사의 어머니 같은 사감 선생님 말씀을 잘 따르겠다는 이야기를 썼다가 오히려 엄청 화낸 모습을 볼 수 있게 됐었다. 같은 잘못으로 10번 넘게 쓰다 보면 더는 쓸 게 없게 된다. 그럼에도 새롭게 글을 써야만 한다. 어쩌면, 그래... 진짜 어쩌면, 그때 그 반성문이 나의 글 실력을 늘게 한 이유 중의 하나일지도 모른다.

　지금 생각하면, 그 사감이 노처녀 히스테리를 부린 것이라고 생각한다. 더 아이러니한 건 국악고등학교에서 가정 선생님을 하고 있었다는 것이다. 결혼도 안 한 사람이 가정에 대해서 뭘 알 수 있을까? 그 사감 선생님이 문제가 있다는 것은 널리 알려졌지만, 학교가 워낙 보수적이어서 선생님을 쉽게 바꾸지는 않았다.

1학년 1학기 중간고사와 기말고사에서 때, 내 성적은 100명 중 30등대로 떨어졌다. 낮은 성적은 아니었지만, 기숙사에서 잘릴만한 이유로는 충분했다(어쩌면 왕사감에게 찍혀서일 수도 있다). 그래서 기숙사에서 잘리고 통학하게 됐다. 왕복 3시간은 시간뿐 아니라 기력도 뺏어갔다. 결국, 1학년 2학기 때는 성적이 78등이 됐다. 그 이후엔 시험 전 1~2달은 강남 근처에서 고시원 생활을 해서 성적을 30등대로 유지했다. 앞서 말했듯 학원은 다니지 않았다.

중학교 2학년 때, 피아노 대회에 나가서 은상을 탔었다. 중학교 3학년 때 선생님께서 가야금 대회에 시험삼아라도 나가보라고 강하게 추천하셨지만, 고등학교 입시가 더 급하다는 생각에 나가지 않았다. 국립국악 고등학교에는 합격했지만 입학을 포기했다. 보통은 다른 인문계 고등학교에 가는데 다른 인문계 학교에 가지 않고 집에서 쉬면서 놀았다.

세상에서 가장 소중한

아버지께서 집에만 있으면 사람이 쳐진다고 아침마다 산에 가라고 하셨다. 그때 억지로 북한산의 마당바위까지 매일 산에 올라갔다. 1시간 정도 걸렸는데, 가장 하기 싫은 일과였다. 그 외의 시간에는 아버지의 책 쓰는 일을 돕거나, 컴퓨터 게임을 했다. 컴퓨터는 한 대인데, 동생과 나는 서로 게임을 하려다가 크게 싸웠다. 그것을 안 아버지는 앞으로 게임을 하지 말라며 모든 게임 CD를 없앴다.

　게임을 못하게 되자 심심했다. 대신에 인터넷 채팅에 빠져 통신비가 30만 원가량 나왔다(그 당시는 전화 모뎀을 썼다). 덕분에 컴퓨터 타이핑 속도는 빨라졌고, 쓸데없는 말놀이에 익숙해졌다. 인터넷이 많이 퍼져있지 않던 시절의 채팅은 순수했다. 일면식도 없는 사람이 인간적으로 서로 위해주는 분위기가 좋았다.

내 인생을 위한 일을 고민하다가 제과제빵을 배우려고 했다. 반죽해서 발효를 시키고 빵이 나오는 과정이 마법 같았다. 두 번 배우려고 했는데, 두 번 모두 몸이 아파서 한 달 정도밖에 다닐 수 없었다.

심심해서 간단한 웹사이트를 만들기도 하고 음악을 만들기도 했다. 당시 처음으로 나오던 가상 음원과 케이크워크를 사용해서 만들었는데, 처음 만든 음악이 우연히 알게 된 전자음악 대회에서 상을 탔다. 그 대회는 대학생들이나 성인들을 위한 대회였는데, 고등학교 1학년이 상을 타자 음악 관련 신문에도 실리는 등 인정을 받았다. 상품으로는 로직오디오라는 음악 프로그램을 받았다.

상을 타자 악기 욕심이 났다. 부모님께 말씀드리니 대학교에 진학하는 것을 약속하면 악기를 사주겠다고 하셔서 약속하고 악기를 샀다. 건반을 오래 쳤기 때문에 가장 피아노와 근접한 악기인 K2500X을 중고로 샀다(약 350만원). 그리고 녹음용 사운드 카드인 EMU-APS(약 80만 원)와 Beyerdynamic헤드폰(약 20만원)도 샀다.

이후 1년간 공부했다. 12월에 처음 재수학원에 다녔는데 2년간 놀았다가 시작한 공부라 많이 뒤처져 있었다. 약 1~2개월 간 기초 수업을 들었고, 모의고사를 봤는데 400점 만점에 250점 정도였다. 형편없는 성적이었지만 운 좋게도 예체능 두 개의 반 중에 잘하는 반에 들어갈 수 있었다. 국어

는 책을 많이 읽었기에 성적이 어느 정도 나왔고, 수학은 너무 어려웠지만, 지학사 자습서 한 권을 사서 3번을 푸니 이후에는 절반은 맞출 수 있었다. 영어는 아무리 해도 잘 안 됐다. 사회, 과학은 공부한 만큼 성적이 나와서 어렵게 생각하지 않았다.

매일 6시에 일어나서 재수학원에 7시까지 갔다. 7시부터 8시까지는 영상 수업, 8시부터 3시까지는 선생님들의 수업, 3시부터 저녁 10시까지는 자율학습이었다. 10시 수업이 끝나고 집에 오면 11시. 식사하고 자면 보통 12시였다.

실기 수업이 있는 날을 외에는 항상 10시까지 남아서 공부했다. 5일 정도는 스타크래프트를 하며 시간을 보냈고, 몰래 빠져나가 만화방, 놀이공원에서 놀기도 했다. 2월부터 6월까지는 이론 수업을 들었고, 7월부터 10월까지는 실전 문제풀이 수업을 했다. 주말에도 나와서 공부했다.

매주 작곡 교습을 받았고, 주 2회 피아노 레슨을 받았다. 작곡 선생님은 서울대 작곡과를 졸업하고 연극 음악을 하던 분이었다. 대학로 근처 까페에서 교습을 받았는데, 입시를 위한 작곡이 아니라 더 좋은 곡을 쓰는 방법을 가르쳐주시곤 했다. 공부하느라 작곡에 매진하진 못하고, 시킨 숙제를 겨우 해가는 정도였는데, 숙제를 성의 없이 해왔다며 크게 혼나곤 했다. 절대음감이지만 악보만 보고 음악을 파악하는 데는 한계가 있었다. 카페가 아니라 피아노가 있는 곳에서 배웠으면 더 좋지 않았을까 싶다. 게다가 입시 때가 다가오자 더 교습을 못하겠다고 아는 선생님을 소개해줬다. 그래서 그 선생님께 다시 음악 교습을 받았다.

8월에 310점 안팎의 점수를 받았다. 이후에도 몇 번의 모의고사를 봤지만 항상 이 점수여서 수능 때도 이 점수를 받으리라 생각했다. 하지만, 예상외로 쉽게 나온 수능 때문에 357점을 받을 수 있게 됐다. 예체능 3.4%, 성적만 보면 서울대 작곡과에 들어갈 수 있었다.

원래는 클래식 쪽으로 진학을 할 생각이었는데, 작곡 선생님이 빚 때문에 힘들게 사는 모습을 보고 실용음악으로 진로를 틀었다. 어차피 클래식으로 진학을 해도 실용음악을 할 생각이었다. 당시 실용음악으로 4년제인데 서울권에 있는 대학은 '경기대'와 '경희대' 뿐이었다. 좋은 수능 점수 덕분에 '경기대'에 학부 수석으로 입학해서, 경기대를 가게됐다. 원래 2년 장학금이 나와야 하는데, 학부의 학생 수가 적다는 이유로 1년 장학금이 나왔다. 그리고 평균 B+이상이 나와야 유지가 되는데 1학년 1학기 때 다른 일에 빠져있느라 학사경고(F를 3개 이상)를 맞아 받을 수 없게 됐다.

대학교 들어와서 하고 싶은 일이 많았다. 운전면허도 따고, 밴드도 하고, 연애도 하고. 밴드는 공연이 9시-11시쯤 끝나는데, 술 좋아하는 멤버가 있어서 술을 마시며 거의 항상 밤을 새웠다. 그 상태로 학교에 가면 졸려서 수업을 들을 수 없었고 수업을 빼먹는 일도 많았다. 그래서 결국 성적이 잘 안 나왔다.

학교에서 배우는 전공 수업이 작곡에 필요한 5% 정도라면, 나머지 95%는 스스로 채워나가야 했다. 다행히도 어릴 적부터 피아노를 치고, 다양한 악기(가야금, 바이올린, 트럼펫, 각종 국악기 등)를 배웠기에 전공수업은 항상 A나 A+를 받았다.

열심히 좋은 곡을 만들면 어느 순간 원하는 것들이 다 따라올 것으로 생각했다. 하지만 현실은 그렇지 않았다. 가요도 쓰고, 마음에 드는 곡이 있으면 똑같이 만들었다. 다양하게 시도했다. 만드는 것을 워낙 좋아하는 터라 힘들어도 재미있었다.

지금 생각하면 가요면 가요. 그중에서도 발라드만, 전자음악 중에서도 특정한 장르만 열심히 했다면 성공할 수 있었을지도 모른다. 좀 더 높은 품질의 음악을 만들 수 있었다면 혹시 모르겠다. 특정 장르가 아니라 다양한 음악을 좋아했던 것이 나에겐 독이 됐다.

초등학생 때는 동요와 클래식, 가곡을 많이 들었고, 중학생 때는 팝송과 락, 재즈를 많이 들었다. 당시 영풍문고에 음반 코너가 있었는데, 테이프 하나에 3,500원이면 살 수 있어서 매주 가서 처음 보는 아티스트의 음악을 사서 밤새워서 들곤 했다. 그때의 내 귀에는 대부분의 베스트 음반을 사도 한두 곡 빼고는 다 그저 그랬다.

뻔한 사랑 이야기만 있는 가요에서, 다양한 이야기와 스타일이 있는 팝송은 신세계였고, 사상이 들어있는 록의 세계는 더 진보된 느낌이었다. 목소리가 들어가지 않는 다양한 재즈와 전자음악은 음악의 끝없는 확장을 알 수 있게 했다. 특히 좋아했던 음악가는 팻매스니와 이니그마였다. 그들의 음악은 멜로디 중심이라기보다는 새로운 세상의 공간을 만들려고 하는 느낌이었다. 그들의 음악을 닮고 싶었지만, 그들의 음악 스타일을 베끼고 싶지는 않았다. 나만의 새로운 공간을 창조하고 싶었다.

체력이 좋지 않아 하루에 4시간 정도 작곡을 하면 더는 집중해서 할 수가 없었다. 한 곡을 만드는데도 적게는 한

달에서 많게는 1년이 넘게 걸렸다. 대학생 때까지 만든 작품 중에 주요 작품을 4개를 모아서 '미래소년'이라는 디지털 앨범을 2006년에 냈다. 단지 내는 데에 목적이 있었기에 판매 수익금도 0원이었다(디지털 앨범 발매 업체에서 10만 원 미만의 수익은 작곡가에게 주지 않는다는 계약을 했다). 이 음악은 iminia.com 에서 들을 수 있다.

작곡할 때 주요 악상은 나도 모르는 사이에 찾아왔다. 꿈속에서 들려오기도 했고, 다른 음악을 듣고 있는데 들려오기도 했다. 아무 생각 없이 건반을 연주하는데 만들어지기도 했다. 내가 만들려고 생각해서 만든 멜로디는 10곡 중에 한 곡 정도였다. 대부분의 곡은 내가 모르는 어떤 존재가 나에게 가르쳐주곤 했다. 그 존재에 대한 감사의 뜻으로 삶에 여유가 생기면 피아노 앨범 한 개, 전자음악 앨범 한 개는 내보고 싶다.

2004년에 기흉과 결핵으로 몸이 아팠고, 아픈 동안에 아버지께서 영어를 배워보라고 하셔서 영어회화 수업을 들었는데 재미있어서 영어 전공수업도 듣기 시작했다.

6살 때부터 24살 까지 거의 평생 하던 음악을 포기하자 내가 잘할 수 있는 것은 아무것도 없어 보였다. 나를 만드신 신께서 존재한다면 내가 무슨 일을 가장 잘하는지 아시리라 생각했다. 무슨 일을 해야 할지 가르쳐 달라고 기도드리고 잠을 잤는데, 꿈속에서 빵을 만들고 성경 말씀을 전하는 일을 했다. 그것 말고 다른 것은 없냐고 기도드린 뒤 잤는데, 꿈속에서 컴퓨터로 무슨 일을 하길래 나는 그것을 PD 일을 하는 것이라고 결론을 짓고 이후에 라디오 PD준비를 했다.

방송국에 취직하려면 글을 잘 써야 한다. PD는 주로 '작문', 기자는 '논설'을 쓴다. 그래서 매주 PD 준비하는 사람들과 모여 스터디를 했다. 돌아가며 주제를 정하면, 주제에 따른 글을 시간 내에 적고, 서로 돌려보면서 첨삭해주는 방식이었다.

나는 읽기만 많이 했지, 쓰는 일은 중학생 때 1년 정도 매일 일기 쓴 것 말고는 없었다. 참, 기숙사에서 반성문도

많이 썼다. 신문방송학과에 다니는 친구들도 많았다. 오래 준비한 몇 명은 글을 정말 잘 썼다. 마치 문장에 금칠한 느낌이랄까?

그 과정에서 글로 내 생각을 전달하는 방법을 배웠다. 그냥 생각나는 대로 쓴다고 다 글이 아니다. 상대방이 이해하고, 받아들이고, 깨닫고, 변화할 수 있는 글이 좋은 글이다. 게다가 수많은 응시자 중에서 내 글이 기억되려면 한번 읽어도 잊혀지지 않을 기법과 장치들이 필요했다. 그 과정에서 글 실력이 늘었다. 혹시 언론 관련 스터디, 글쓰기 스터디를 원한다면, 아랑(cafe.daum.net/forjournalists)을 추천한다.

마음을 움직이는 글을 쓰려면 Why→How→What의 순서로 쓰면 좋다. 소재가 중요하고, '궁금증'을 일으켜서 끝까지 읽고 싶게 만들어야 한다.

공중파 라디오 PD는 잘 뽑지 않아서, 2년에 1번 정도, 한두 명을 뽑는데, 1년 중에 SBS→MBC→KBS 순서로 선발을 한다. 나는 그 해에 SBS의 서류에서 떨어졌다. MBC는 모집하지 않았다. 그리고 KBS 지원 기간 전에 철도 방송에서 PD를 모집해서 지원했다. 2차 면접에는 라디오 프로그램을 만들어서 갔는데, 사장님의 마인드가 나빴다. 잘 대우해줄 것처럼 이야기 했지만, 실제 월급은 80만 원 가량이었다. 게다가 바라는 것은 아주 많아서 최종 면접에 가지 않았다. 그일 이후에 라디오 PD는 포기했다. 적은 돈을 받고도 계속 할만큼 좋아하는 일도 아니고, 내가 행복할 것 같지도 않았기 때문이다.

다시 영어강사 생활을 했다. 중간중간 대기업에 서류를 넣기도 하고, 국제 캠프에 가기도 했다 당시에 LG전자에 상품 개발 부서 원서에 휴대폰을 손목에 찰 수 있도록 만들면 좋을 것 같다며 입사 원서를 넣기도 했었다. 그리고 대기업 광고 회사에서 필기시험을 보기도 했었다. 한번은 부모님 추천으로 공무원 시험에 접수하기도 하고 학교에서 행정학 수업도 들었다. 하지만 공무원에 뜻은 없어서 시험 보러 가지 않았다.

유네스코에서 책 디자인 관련 인턴을 모집해서 면접을 봤지만 떨어졌다. 책도 좋아하고, 컴퓨터도 잘 다루고, 국제기관에도 흥미가 있었지만, 책 관련 프로그램은 다룰 줄 몰랐다. 삼호 출판사(음악 출판사)에 넣어서 면접도 봤지만 떨어졌다. 그때만 해도 내가 북디자이너가 되고, 책을 쓰는 사람이 될 것이라고는 상상도 못 했다.

기업에 서류 넣은 적이 약 30번 이상, 영어 강사로 서류를 넣은 적은 100번이 훨씬 넘는다. 어느 순간부터 남자에겐 직업이란 자신의 생존과 직결되기 때문에 어떤 일이라도 주어지면 하고 싶다는 생각이 들게 된다.

하지만, 직업을 찾는 것은 반려자를 찾는 것과 비슷

하다. 신중히 선택해야 하고, 한번 선택했으면 일정 기간 유지해야 한다. 그리고 아니라는 생각이 들면 빨리 포기하는 것이 유익할 수 있다.

사람은 돈을 얻게 되면, 계속 그 방식으로 돈을 얻으려고 한다. 한번 첫 직장에 발을 들이면, 계속 비슷한 업종에 종사하게 될 확률이 높다. 첫 직장은 중요하다. 하지만 그것보다 더 중요한 것은 개개인의 인생이다.

젊은이들이 대기업과 공무원에 목매는 이유는, 그 길만이 인간답게 살 수 있는 유일한 길이기 때문이다. 월 250만 원을 벌어서는 학자금과 생활비, 집 값을 내면 저축은 어렵다. 책 한권, 커피 한잔을 사는데도 주저하게 된다.

하지만 다르게 생각해보자. 200만 원, 아니 100만 원을 받더라도 누구보다 행복하고 열심히 일할 수 있는 일을 찾을 수 있다면 어떨까? 현재 한국 사회에서 무슨 일을 하든 먹고 살 수 있다. 다만 신라면을 먹느냐, 애슐리를 먹느냐의 차이는 있을 수 있다(개인적으로 가장 좋아하는 패밀리 레스토랑이 애슐리다). 매일 애슐리 가서 먹으면 행복할까? 그렇지 않다.

그렇다면, 대기업에서 400만 원 받고 일하면 행복할

나:
세상에서 가장 소중한

까? 그 돈으로 결혼하고 집을 살 수 있을지언정, 그 돈 때문에 행복하기는 어렵다. 또한 대기업에서 임원까지 가기는 상당히 어렵고(100명 중 한 명) 결국 40대에 그만두고 자기 사업을 하게 될 확률이 높다. 하지만 사업에 대해 아는 것은 하나도 없기에 실패하는 경우가 많다.

당장 그 가방을 주지 않으면 헤어질 것 같았다. 삶은 힘들었지만, 그녀를 만날 때면 힘든 것을 잊을 수 있었다. 가방을 사달라고 조르기를 한 달. 싸움이 잦아지다가 이제는 일주일 째 답장이 없다.

그때 걸려온 전화. "**캐피탈입니다. 연 10% 이자에 당일 대출 가능합니다." 전화해서 대출 가능 여부를 물어보니 대출은 가능하지만 이자가 25%였다. 500만 원짜리 가방을 사면 일 년 이자 125만 원. 한달에 10만 4천 원을 이자로 내야 했다.

아르바이트를 해서 번 돈은 80만 원, 80만 원에서 10만 4천원이니 낼 수 있을 줄 알았다. 하지만 월세와 식비, 교통비를 빼고 나면 20만원이 남는데 한두 번 데이트하면 20만 원도 모자랐다. 결국 원금은커녕 이자도 못 내 사채에 손을 벌리게 됐다.

신체 포기 각서를 쓰고 보험을 들었다. 그리고 선이자를 떼고 1000만 원을 사채로 빌렸다. 월 20%(연 240%)를 이자로 갚으려니 어찌해도 갚을 수 없었다. 금전적인 압박 때문에 여자친구에게 신경쓸 시간이 없었다. 빚은 6개월 사이에 2천만원이 됐다. 결국 여자친구와 헤어졌다. 그렇다

고 파산하려니 보복이 두려웠다.

결국 보험사기로 해결하는 방법 밖에 없었다. 몸이 불구가 되면 보장금액을 받는 것이다. 최대 7000만 원 보상으로 가입했는데, 치아를 5개 뽑으면 250만 원, 7개 뽑으면 500만 원, 무릎에 인공관절을 넣으면 한개당 1500만 원, 한쪽 눈에 3500만 원, 하반신마비 4000만 원, 양팔이나 양눈을 잃으면 7000만 원을 받을 수 있다.

일단 치아 7개를 뽑고, 한쪽 무릎에 인공관절을 넣으면 빚은 갚을 수 있지 않을까? 앞으로 몸 쓰는 일은 하기 힘들 텐데 그래도 될까?

서울시 집의 평균 가격은 3억원. 그 집을 보증금 없이 빌려 쓰려면 매달 200만원을 내야 한다. 한달에 200만원을 벌면, 월세 내고 한푼도 안 남는다. 집을 산다면, 매달 200만원씩 냈을 때 약 12.5년이 걸린다. 200만원 중에 교통비, 식비, 통신비, 세금과 월세로 150만원이 나가고 50만원이 남는다면, 1년에 600만원씩 50년이 걸린다. 보통의 방법으로는 20세부터 평생 벌어서 집 한 채 사면 인생이 끝난다.

그렇다고 3억원이 큰 돈은 아니다. 내가 당신의 오른팔을 3억원에 산다면 팔 것인가? 아니, 30억에 산다면 팔

것인가? 좋다. 팔이 어렵다면 당신의 눈 2개를 30억에 사겠다. 팔 것인가? 그 돈으로 죽어가는 가족의 병원비를 대야하는 경우가 아니라면, 이 제안에 응하지 않을 것이다.

　　당신의 존재 가치는 돈으로 환산할 수 없을 정도로 크다. 1000억 원짜리 집이 있다고 해도 당신의 가치와는 비교할 수 없다. 30대 대기업의 자산이 약 3조원부터 시작하는데, 3조짜리 대기업보다 당신 한 사람의 가치는 더 크다. 아무리 좋은 물건도 언젠가 낡아 없어지고, 기업 또한 30년을 넘기기 어렵다.

　　한 사람이 가진 가치는 한 기업이 지닌 가치보다 크다. 한 사람이 소송을 걸거나 죽었을 때, 그 기업이 무너지는 경우도 있다. 몇몇 기업은 인권보다 기업이 중요하다고 생각하기도 하는데, 그런 기업이 오래 갈 것으로 생각하지는 않는다.

　　뭐든 이룰 수 있는 물건이 있다면 얼마를 지불해야 할까? 인간은 신을 닮게 만들어졌다(하나님이 자기 형상 곧 하나님의 형상대로 사람을 창조하시되 남자와 여자를 창조하시고 하나님이 그들에게 복을 주시며 창세기1:27~1:28). 신은 전지전능해서 뭐든 이룰 수 있다. 인간도 신처럼 뭐든 이룰 수 있다. 다만 신보다 시간이 걸릴 뿐이다. 모든 사람은 마치

신과 같지만, 다만 다른 점은 자신이 뭐든 이룰 수 있다는 것을 아직 깨닫지 못했을 뿐이다.

예수께서는 너희에게 믿음이 겨자씨 한 알 만큼만 있어도 이 산을 명하여 여기서 저기로 옮겨지라 하면 옮겨질 것이요 또 너희가 못할 것이 없으리라 마태복음18:20 라고 말씀하셨다.

내가 지금 산보고 옮겨지라고 말한다면, 당장 옮겨지지는 않을 것이다. 하지만 최선을 다해 온종일 한 삽, 한 삽 뜬다면, 그리고 그게 하나님의 뜻에 어긋나지 않는다면 해낼 수 있도록 도움이 있을 것이고, 인생이 끝나기 전에 산 하나를 옮길 수 있다고는 믿는다.

빌게이츠라고 머리가 2개고, 눈이 3개, 팔이 3개는 아니다. 스티브 잡스 또한 마찬가지이다. 머리가 뛰어나봤자고, 돈이 많아봤자다. 당신은 그들보다 더 좋은 물건과 회사를 만들 수 있다. 그렇게 하겠다고 굳게 마음먹고 꾸준히 하기만 한다면 말이다.

1000억 원보다 비싼 몸을 갖고 있으면서 왜 움직이지 않는가? 1000억 원짜리 집을 1년 빌린다면, 월세로 약 6억6천600만원을 내야 한다. 당신의 몸이 1000억이라면, 오늘 하루 당신을 빌리는 가격은 2222만원이다.

내 인생이 크게 바뀌기 시작한 것은, 어떤 돈보다 나 자신이 소중하다는 것을 알게 됐을 때였다. 수 천억원짜리 몸을 갖고 있으면서, 왜 몇만 원, 몇백만 원에 목을 매야 하는가? 왜 하찮은 물건을 훔치고, 화내고, 짜증내고, 거짓말해서 자신의 가치를 떨어뜨리는가?

나의 가치에 비교하면, 어떤 비싼 음식도 비교할 수 없고, 나의 인생과 진심을 건 고백은 어떤 다른 사람의 돈과 능력보다 하찮을 수 없다.

깨달은 다른 한 가지는, 내 자신이 소중한 만큼 남도 소중하다는 것이다. 신께서 나를 만든 것처럼 모든 사람을 만드셨다. 아무리 나쁘게 구는 사람도, 신께는 소중한 존재이다. 부하 직원이든, 어린 사람이든, 누구에게도 감히 함부로 대할 수 없다.

TOP 2

사
랑:

고
백
할
까
말
까?

첫사랑이 아름다웠다기보다 애처로워서 누구에게도 말하지 않았는데, 도움이 되고 싶어서 소개한다.

초등학교 4학년 때와 6학년 때 같은 반이었던 여자애가 있었다. 편의상 J라고 하자. J는 귀엽고 예쁜 아이였는데, 내 생각에는 어떤 사람보다 예쁜 외모를 가졌다. 좋아했지만 친하게 지내지는 못했고, 내가 장난만 쳐서 친한 사이는 아니었다.

졸업하면 나는 멀리 떨어진 학교로 가기 때문에 초등학교 동창들과 만날 일은 없을 것 같았다. 그래서 졸업식 때 마음을 전하려고 음악 테이프(주로 즐겨듣던 클래식)를 만들었다. 차마 그 애한테 전하지 못하고 대신 선생님께 전해드렸다.

4년이 지나 고1 때, 버스에서 우연히 보고는 쫓아갔다. 말 걸 용기는 없으면서 쫓아갈 용기는 어떻게 있었나 모르겠다. 사는 곳을 알고는 다음 날에는 비슷한 시간에 버스정류장에서도 기다리고 집 근처에서도 기다렸다. 약 2주 동안 매일 4~5시간씩 기다렸다. 그런데 하루도 나타나지 않았다.

운 좋게 J와 친했던 여자애를 만나게 됐고, J의 연락처를 물어서 연락을 했다. 통화해 보니 내가 쫓아갔던 다음 날 이사 갔고, 학교도 다른 곳으로 옮겼다고 했다. 게다가 이미 만나고 있는 사람이 있다고 해서 더 연락하지는 않았다. 괜히 중간에서 나쁜 사람이 되고 싶지는 않았다.

평생을 바친 음악을 포기했을 때는 세상이 끝난 것과 다름이 없었다. 세상에서 가장 싫어했던 영어를 기초부터 다시 배울 때는 정말 배고팠다. 처음에는 취미였지만, 나중에는 그 길 외에 다른 길은 없었다. 영어를 전공하면서도 만나는 사람마다 어떻게 영어를 공부했는지 물어 보고, 대부분 해 봤다. 외국인이 있으면 일단 말부터 걸고 봤다. 그때는 힘들었지만 나중에 강의하고 책을 쓸 때는 큰 도움이 됐다.

영어를 포기하고 디자인을 배울 때도 마찬가지였다. 처절하고 절박했다. 6개월간 매일 아침 9시부터 저녁 6시까지 디자인을 배웠다. 저녁 8시~12시에는 영어과외를 해서 생활비를 벌었고, 새벽2~4시까지는 디자인 과제를 했다. 잠을 대충 자고 7시에 나가서, 지하철에서는 디자인 관련 책을 읽고, 시안을 고민했다.

같이 배우는 20명의 학생 중에 13명은 이미 학생 때

관련 전공을 했고, 7명만 비전공자였다. 다른 19명보다 더 좋은 시안을 만들지 못하면 내 자리는 없다고 생각했었다. 과외를 할 때를 제외하고는 눈을 떠서 감을 때까지 디자인만 생각했고, 그렇게 배운 6개월은 이후에 디자이너로 활동하는 데 가장 큰 힘이 됐다.

만약 내가 처음부터 출판사를 차려서 그 일을 겪었다면 아마 그렇게 열심히 하지는 못했을 것이다. 영어 교육에서 큰일을 이루기 위해 신께서 훈련시켜주신 것이다.

진심으로 누군가를 사랑하면, 어떤 일에 배고프면, 자존심은 중요하지 않게 된다. 나쁜 일만 아니면 어떻게 해서라도 사랑을 얻고, 가족들을 먹여 살리고, 그 일을 배우려고 한다. 일을 이뤄 내는 가장 큰 변수는 일을 대하는 자세와 태도이다. 절대 머리가 나빠서, 감각이 부족해서 못하지는 않는다.

세월이 아무리 흘러도, 사랑의 형태가 잘못됐을지언정, 사랑에 열정은 없을 수 없다고 믿는다. 사랑에 대한 열정과 태도는 일에 대한 열정과 상당히 흡사하다. 사랑에 대한 성공 방식이나 일에 대한 성공 방식이나 비슷한 점이 많다. 알고 보면 사람의 마음을 얻는 게 일에서 성공하는 것보다 더 힘들다.

내가 만났던 사람들 모두 나에게 잘해줬다. 어떤 조건을 보고 날 만난 것이 아니라. 적어도 나라는 사람이 좋아서 진심으로 만났다. 그런데 딱 한 번 안 좋았던 기억이 있다.

노래를 잘하는 여자애였고, 좀 놀아본 적이 있어서 아는 친구들이 많았다. 알고 지낸 지는 1~2년, 약 6개월 정도는 거의 매주 만났다. 남자친구는 없다고 했다. 생일 선물로 20만 원 넘는 부츠를 사준 적도 있었다. 사귄 것은 아니지만 그렇다고 친구라고 하기에는 애매한 관계였다. 가장 큰 불만은, 약속 시간에 자주 늦는 것과 종종 4-5시간 동안 연락이 안 되곤 하는 것이었다.

연락이 잘 안 돼서 혹시나 싸이월드(일종의 개인 블로그)에 들어가서 검색을 해봤다. 들어가 보니 군대 간 남자친구를 기다리는 내용이 가득했다. 남자 친구가 군대간지는 약 1~2주 정도 됐다. 둘이 간 여행 사진에는 내가 사준 부츠를 신고 있었다. 나와 만나던 6개월 내내 이미 남자친구가 있었다. 내가 어떻게 했을까? 아마 이 책을 모두 읽고 나면 내가 어떻게 행동했을지 짐작할 수 있을 것이다.

주변 사람들은 그나마 사실에 대해서는 객관적으로 볼 수

사랑: 고백할까 말까?

있지만, 둘의 감정은 둘 외에 누구도 알 수 없다. 대부분은 상태가 심각해져서 더 손쓰기가 어려워졌을 때 헤어지는 것을 결심한다. 그 이후에는 정신적 상처 때문에 삶도 힘들어지고 새로운 사람을 만나기도 두려워진다.

그 사람과 본격적인 관계를 시작하기에 앞서, 한계를 정하면 빨리 빠져나올 수 있다. <더 딥>에서 보면 모든 일은 그 일에서 성공하기 전에 노력과 실패가 반복되는 암울한 과정이 있는데 그 과정을 '딥'이라고 한다. 어떤 경우에는 오랜 시간이 지나도 성공할 수 없는 경우가 있는데, 이 경우를 '컬드색'이라고 한다.

대부분의 일은 '딥'인지 '컬드색'인지 알 수 없는 경우가 많다. 예를 들면, 사법고시를 준비한다면, 어떤 사람은 2년에 합격하고, 어떤 사람은 10년을 해도 불가능하다. 10년을 해도 불가능한 사람에게 사법고시는 딥이 아니라 컬드색이다. 만약 사법고시를 시작하기 전에 딱 3년만 하겠다는 한계를 정했다면 쉽게 그만둘 수 있었을 것이다.

그 한계를 정하려면, 연애하기 전에 자신이 꿈꾸는 사람의 특징과 자신이 꿈꾸지 않는 사람의 특징을 모두 적는다. 예를 들어, 절대 안 되는 것 중에 담배피우는 것이 있다면, 사귀기 전에는 담배를 안 피운다고 했는데 알고보니 담배를 피우는 경우 관계를 끊을 수 있는 지표가 된다. 이런 지표가 없다면, 만날 때마다 끌려다니면서 고통받을 수밖에 없다.

삶에서도 마찬가지이다. 원칙이 없다면 상황에 따라 끌려다니게 된다. 일의 원칙, 도덕의 원칙, 거절의 원칙 등 자신만의 원칙이 있으면, 그 원칙을 기준으로 상황에 따라 임기응변할 수 있다. 그렇지 않다면, 나쁜 집단에 들어가면 나쁘게 물들고, 좋은 집단에 들어가면 좋게 물들게 된다. 인생에서 계속 좋은 집단에만 들어갈 수는 없으므로, 시간이 흐름에 따라 나쁜 마음이 커지게 된다. 결국 인생이 나쁘게 흘러갈 확률이 높다. 참고로 내게 삶의 원칙은 성경이다.

사랑: 고백할까 말까?

현재 당신이 사귀는 사람이 없다면, 적어도 마음에 담고 있는 사람 한 명은 있을 것이다. 그런데 고백을 못 하는 이유는 거절이 두렵기 때문이다. 거절당하면 친구로서의 관계도 끝날 확률이 높고, 그 상처 때문에 다른 사람에게 다시 고백하기도 어려워질 수 있다.

이렇게 생각해보자. 상대방이 아무리 외모가 뛰어나고, 돈이 많고, 잘난 사람이라도, 나의 순수한 마음과는 비교할 수 없다. 그 사람이 가진 물질이나 외적 매력보다도 남은 인생을 한 사람만 바라보며 봉사하면서 살겠다는 마음이 더 소중하다. 이런 마음이 전해진다면, 고백을 나쁘게 거절하지는 않을 것이다. 만약 기분 나쁘게 거절한다면 그것은 그 사람의 인간 됨됨이가 안된 것이니 오히려 차인 게 잘 된 것이다.

남자의 적어도 50% 이상, 인생에 한번쯤이라면 80% 이상은 바람을 피운다. 상대가 바람을 피우는 것을 알게 된 순간부터 삶의 행복지수는 절반 이하로 떨어진다. 그때가 되면 남자가 버는 돈이 많고 적고가 문제가 아니다. 적어도 내가 그런 남자가 아니라면, 그 여자에게도 인생에서 좋은 사람을 만날 기회가 생기는 것이다.

물론 서로 맞지 않아서 사귈 기회조차 거절당할 수도 있다. 예를 들면, 상대방은 담배 피우는 사람을 싫어하는데, 나는 담배를 꼭 피워야만 한다면 말이다. 서로 맞지 않아 고통스럽게 살아야 한다면, 둘이 같이 사는 것보다 혼자 사는 게 훨씬 낫다. 물론 세상에 완벽히 맞는 사람은 존재하지 않고, 서로 맞춰가야 한다. 결국 얼마나 더 맞는지보다 상대방에게 맞추려고 하는 자세가 더 중요하다.

거절을 당해도 상대방에게 고백한 용기는 의미가 있다. 노력했다면 혹시라도 죽은 뒤 신 앞에서, 왜 저는 노력했는데도 기회를 주지 않으셨나요?라고 할 수 있을 것이다. 만약 고백하지 않았다면 신께서는, 기회를 많이 줬는데도, 네 노력이 부족했다고 하실 것이다.

고백하지 않는다면 언젠가 상대방은 자신의 짝을 찾아 떠날 것이다. 그렇게 될 때까지 나는 마냥 기다리며 다른 사람과 잘 될 수 있는 기회조차 빼앗기는 것이다. 어쩌면 짧은 청춘이 다 사라져 버렸을지도 모른다. 그러니 거절당하더라도 고백하자.

사랑: 고백할까 말까?

나는 너무 잘 해줘서 헤어진 경우가 많았다. 데이트 비용은 거의 내가 냈고, 항상 데리러 가고 데려다줬다. 문제는, 어느새 그게 당연한 것이 되어 버린다. 그리고 그 남자에게 더는 새로움을 느끼지 못한다.

다시 만나려면 호기심을 자극해야 한다. 마치 드라마에서 가장 궁금할 때 끝내는 것처럼 적절한 거리를 두면서 자신에 대한 이야기는 조금씩만 알려야 한다. 남녀간의 사랑은 자신의 모든 것을 알려주면 지는 게임이다. 이미 결과를 아는 드라마는 더 이상 보고 싶지 않다.

사귀는 단계나 사귀기 전 단계가 아니라면. 구태여 한 사람만 만날 필요는 없다. 사이가 조금씩 진전이 되면 그때부터는 주변 관계를 정리하고 한 사람만 만나야 한다. 상대방도 한 사람만 만나면 좋은데, 대부분은 그렇지 않다. 결국 한 사람만 만나다 보면 감정이 커져서 자신만 피해를 입게 될 확률이 높다. 난 자주 그랬다.

사랑은 절벽에서 하는 줄다리기이다. 계속 당기면 자신이 떨어져 죽게 된다. 당기지 않으면 상대방이 죽는다. 상대방이 당긴 만큼이나 그것보다 약간만 더 당겨야 한다. 다시 말해 상대방보다 많이 사랑하게 되면 자신이 죽게 된다.

당기는 정도는 자신이 객관적일 때는 판단할 수 있다. 사랑에 빠져있을 때는 파악하기 어렵다. 결국 상대방보다 덜 사랑하고 거리를 둬야만 이길 수 있는 게임이다. 사랑은 꽃을 키우는 것과 비슷하다. 꽃마다 필요한 물과 햇빛의 양은 다르다. 너무 많은 물이나 햇빛은 꽃을 죽게 만든다.

사귀기 전에 큰 선물은 필요 없다. 괜히 상대방에게 부담만 줄 수도 있다. 혹은 그 선물 때문에 잘못된 호감이 생길 수도 있다. 또는, 선물에 대해 대가를 바랄 수도 있다.

여자가 남자가 꼬시는 법은 상대적으로 쉽다. 남자처럼 적극적으로 다가갈 필요는 없다. 도와달라고 작은 부탁을 하고, 남자가 잘 도와주면, 신세졌으니 차 한잔 사겠다고 해라. 그러면 남자도 밥을 사든 차를 사든 할 것이다.

남자만 지출하게 하지 말고, 기본적인 예의를 지키면서, 종종 자연스러운 스킨십을 유도하면 좋다. 손이나 몸이 우연한 것처럼 살짝 닿는 게 좋다. 남자 입장에선 손잡는 것도 무례한 일일까봐 쉽지 않은데, 여자입장에서는 상대적으로 편하다. 그리고 대부분의 남자는 자신이 싫어하는 여자가 아니라면 그것을 좋아할 것이다. 만약 싫어하는 여자라

사랑: 고백할까 말까?

면 만나지도 않았을 확률이 높다.

그렇게 하면서 적당한 거리를 유지하다 보면, 때가 되면 남자가 다가올 것이다. 여자가 먼저 고백하는 것은 좋지 않다.

이런 사람 만나라

사람은 자신이나 자신의 윗사람보다, 아랫사람을 상대할 때 본질이 드러난다. 아랫사람에게 함부로 대한다면, 당신에게도 언젠가는 함부로 대할 것이다. 나에게만 잘해주는 남자는, 언젠가는 나에게도 잘해주지 않는 남자가 된다.

반면에 자신의 이득과 전혀 상관없는 사람을 배려하는 사람이 좋다. 예를 들면, 지하철이나 버스에서 자기보다 불편하거나 힘들어 보이는 사람에게 자신의 자리를 내주는 사람은, 나중에 당신이 힘들 때도 자신의 자리를 내줄 것이다.

술주정이 있거나, 폭력을 쓰는 사람은 절대 만나면 안 된다. 화를 잘 내거나, 성적으로 문란하거나, 거짓말을 쉽게 하는 사람도 좋지 않다.

엘리베이터나 지하철에서 사람들끼리 가까이 있으면 불쾌하다. 특히 자신보다 키가 큰 사람이 내뱉는 숨을 자신이 마시고 있다면 더 불쾌하다. 심지어 그 숨이 연기라면 어떨까?

걸어가면서 담배 피우는 사람은 이기주의자들이다. 뒤에 누가 오든 자신이 걸어가며 담배피우며 아끼는 시간이 중요하고, 자신의 감정이 중요하기 때문이다. 이런 사람들은 금연 화장실에서도 담배 피운다. 물론, 미래의 당신 아이

들도 담배 피울 확률이 높다.

남을 배려할 줄 모르는 사람들은, 자신의 아내와 자식들도 배려할 줄 모른다. 게다가 남의 마음을 읽지 못하는 사람은 크게 성공하기도 어렵다. 그 사람과 사는 사람도 평생 가난에 찌들어 살 확률이 높다.

이 책에서 앞으로(p.116) 말하는 품성들을 가진 사람이었으면 좋겠다. 가장 중요한 한 가지만 제안한다면, 꿈(목표)이 있고, 그 꿈을 위해 매일 노력하는 사람이어야 한다. 그런 사람은 삶에 활력이 있다. 사는 게 재미있다.

자신이 정한 원칙을 따르며, 일관성과 책임감을 보여야 한다. 전날에 술을 마셔도 정시에 출근하고, 안 좋은 일이 생겨도 그날 할 일을 다 하려고 노력하는 사람이 책임감이 있는 사람이다. 작은 일이라도 '고맙다'라고, '죄송하다', '미안하다'라고 말할 수 있는 사람이 좋다.

연애가 깊어지면, 자신의 일과를 사생활이라고 숨기는 게 아니라, 숨김없이 얘기할 수 있는 사람이 좋다. 기분 나쁘면 대답도 하지 않는 사람보다는, 어쨌든 대답을 하고 풀어가는 사람이 좋다. 연애하면서 어떤 종류의 사람인지 한번 가늠해보자. 결혼해서는 분명히 더 많이 싸운다.

남녀관계는 일종의 제비뽑기이다. 사귀기 전의 모습이 그 사람의 진정한 모습이 아니며, 사귀면서도 그 사람의 본질은 알기 어렵다. 사랑하는 순간은 죽음보다 강렬하기에, 그 사람의 단점은 전혀 보이지 않는다. 그때 결혼 후의 모습을 짐작하기는 어렵다.

아무리 잘 맞는 사람이라도 모든 게 다 맞을 수는 없다. 청결의 기준, 돈을 쓰는 기준, 아이 교육에서 중요한 점, 심지어 짠맛의 기준조차 다 다르다. 그러다 보니 청소는 항상 대충 하는 것 같고, 돈이 생기면 쓸 생각만 하고, 음식은 짜서 못 먹겠다. 그게 하루 이틀이면 참겠는데, 몇 년씩 참다 보면 병에 걸릴 것 같다. 가정일이라도 도와주면 모르겠는데, 회사에서 돌아오면 항상 나 몰라라니까 나만 희생하는 것 같게 된다.

대부분의 사람들은 뚜렷한 도덕 기준이 없기 때문에, 남자들의 50%, 추측으로는 약 80% 이상은 일생에 몇 번은 바람을 핀다. 바람 피지 않는 남자 만나기조차 쉽지 않다. 바람피는 것을 알게 되면, 그 남자의 돈이 많고 적음은 크게 문제되지 않는다. 삶의 행복 정도가 절반 이하로 줄어든다.

개인적인 생각은, 남편은 바람 안 피우고, 폭력을 안

쓰고, 술주정 부리지 않고, 일에 착실하면 된다고 생각한다. 부인 역시 바람 피지 않고, 과소비하지 않고, 가능한 한 남편 말에 따르려고 노력하면 된다고 생각한다.

그 사람이 어떤 사람인지는 아는 것은 불가능하다. 나 역시도 만나는 사람마다 힘들었다. 그나마 학원에서 학생들을 가르칠 때는 그 학생이 어떤 학생인지 보였다. 성적에 상관없이, 선생님과 공부를 대하는 자세에서 그 학생의 됨됨이가 보였다. 그때를 제외하고는 알 수 없었다. 사람 사이에서 안 좋은 일이 생기면, 그 사건으로 그 사람을 일부 판단할 수는 있어도 본질을 볼 수는 없었다.

그런데 그 사람이 평생 바람을 안 피울지, 폭력을 안 쓸지는 알 수 없다. 결혼은 경험하기 전까지 마치 무를 수 없는 제비뽑기와 비슷하다.

유대인들이 보는 성경에는 중요하다는 의미로 살세레트 표시가 있는데, 성경을 통틀어서 단 네 번만 나온다. 롯이 소돔을 떠나며 지체하는 순간에, 요셉이 유혹을 뿌리친 순간에, 희생을 바치지 않으면 안 된다는 말에, 그리고 아브라함의 종이 이삭을 위해 좋은 처녀를 찾게 해달라고 기도를 드린 곳에 붙어 있다.

사람의 힘으로 불가능한 것을 기도로 이룬 경우가 많다. 아내를 얻는 것도, 자식을 얻는 것도, 전쟁에서의 승리도, 심지어 예수님께서도 강력한 귀신은 기도 외에는 방법이 없다고 하신다.

그리고 성경의 잠언 19장14절에 사려깊은 아내는 신에게서 온다고 한다. 나는 아내를 만나기 전에 6개월 동안 기도했다. 누가 시켜서 한 것도 아니고, 기도를해야겠다고 마음을 먹은 것도 아니다.

하지만 상대방이 나를 좋아하게 만드는 것은 불가능했다. 그동안 연애는 이성에 있어서든 감성에 있어서든, 나의 선택은 항상 틀렸고, 내가 원하는 기준조차 하나님께 제시할 자신이 없었다. 그래서 자기 전 침대에 누워 저에게 맞는 사람을 주세요.라고 기도했다.

아내 역시 자신이 원하는 이상형의 조건에 대해서 썼다. 약 30가지의 조건 중에 한 가지를 빼고는 완벽하게 맞았다고 했다.

이상형에 대해서 최대한 자세하게 쓰고, 하나님께 (종교가 없다면 이름 모를 신에게라도) 기도하면 분명히 효과가 있을 것이다.

사랑: 고백할까 말까?

남자들에게 결혼식은 그냥 결혼하는 사실을 알려주는 것일 뿐이다. 그냥 혼인신고만 하고 결혼식은 안 해도 상관없다. 혼인신고조차 안해도 상관없다. 하지만 여자는 그렇지 않다. 일생에 가장 아름다워 보일 수 있고, 자신이 주인공이 되는 날이다. 아주 화려한 곳에서는 못해도, 남들이 하는 것만큼은 드레스를 입고, 사진을 찍고, 화장하고 싶다. 그러다 보니 남자와 여자가 싸우게 된다.

원래 결혼을 1~2년 뒤에 하려고 했었는데, 아내가 마음먹었으면 빨리 하는 게 좋을 것 같다고 하여 아내의 돈으로 진행했다.

결혼하려고 알아보니 부르는 게 값이었다. 일생에 한두 번 있는 일이고, 부모님 세대와는 수십 년의 틈이 있기에, 결혼 비용에 대한 명확한 정보가 없다. 그래서 결혼 박람회에 가면, 마치 병원에 온 환자처럼 무슨 말을 하든 그냥 따르는 수밖에 없었다.

흔히 '스드메'를 말한다. 다시말해 스튜디오 사진, 드레스, 메이크업이다. 드레스부터 알아봤는데, 마음에 드는 드레스가 없었고, 빌리는데에도 100만 원 가량을 내야 했다.

결혼할 때 나는 돈이 없었다. 드레스를 직접 배워서라도 만들어야 하나 싶어서 국비 지원으로 배우는 곳도 알아봤다. 아니면 건축 기술을 배울까도 싶었다. 배우는데에는 짧게는 6개월~3년 정도지만, 그것으로 한가지 기술을 익히고, 싼 땅을 사서 작은 집은 지을 수 있을 것 같아서였다.

션(연예인), 정혜영 커플에게 편지를 보내기도 했다. 그때 션은 결혼하려는 커플들에게 지원해서 결혼식을 열어주곤 했었는데, 연락받지는 못했다. 편지가 도달하지 못했거나, 아니면 더 도움이 필요한 사람들을 지원해줬으리라 생각한다.

예쁜 드레스를 여기저기 알아보고, 입어보고 촬영도 했다. 수소문한 끝에 아현동 쪽의 웨딩숍에도 갔었는데, 주로 연주복이 많고 드레스는 드물었다. 마음에 드는 드레스는 없었는데, 딱 한군데 칸웨딩(011-9264-3005)이라고 괜찮은 곳이 있어서 그곳에서 맞췄다. 빌리는 가격보다 싸게 할 수 있었다. 대신 사진은 여행가서 내가 찍어주기로 했고, 추후에 그 사진에서 뽑아서 앨범도 만들어줬다.

메이크업에 그나마 돈을 썼는데, 그때 당시 아내가 하고 싶은 곳은 '정샘물'과 '슈어 바이 정민'이었다. '정샘물'

의 신부 화장은 메이크업 스타일이 비슷한 것 같았다. 그래서 '슈어 바이 정민'쪽이 더 잘 어울릴 것 같아서 그쪽에서 했다.

전세 대출을 하려고 알아봤는데, 일반 사람은 어렵고, 혼인신고를 해야 대출을 받을 수 있었다. 결혼하기 2개월 전에 혼인신고를 하고 전세자금을 대출해서 같이 살기 시작했다. 양가에서 천만 원씩 빌리고, 나라에서 5천만 원을 빌려서 7천500짜리 단칸방에서 시작했다. 다행히도 새로 리모델링한데다가 교통편이 좋아서 나는 만족했다(자세한 내용은 p.191).

어떤 일을 이루기 위해 최선을 다하면, 그 일이 이루어지지 못할지언정, 아무도 그 일에 관심을 안 가질지언정, 신께서는 지켜보고 계신다. 그리고 신께서는 어떤 방식으로든 그 노력을 갚아 주신다. 인간은 결과 중심으로 사람을 판단한다. 하지만 신께서 사람을 볼 때 과정 역시 결과 못지 않게 중요하게 보시고 판단하신다.

결혼할까 말까?

결혼 이전의 삶이 평온하지만은 않았다. 신용 불량자가 돼서도, 음악을 그만두게 됐을 때도, 연인에게 차였을 때도 죽고 싶다고 생각하지는 않았다. 일생에서 죽고 싶다고 생각한 적이 한두 번 정도였다.

결혼 후에 집에 주는 돈이 생활에 충분하지 않자 아내는 하루걸러 나를 힘들게 했다. 평생 그런 모욕은 들어본 적이 없다. 생판 모르는 사람에게도 그런 말을 하지는 못할 것 같다. 결혼에 대한 책임은 다하고 싶었지만, 삶이 끔찍하게 고통스러웠다. 종교적으로 자살은 죄니 가능하시다면 나를 고통 없이 이 세상에서 없애 달라고 기도했다. 그렇게 느낀 적이 결혼 후 1년 사이에 수십 번이었다. 심지어 하나님께서 나를 정말 사랑하셨다면 이 사람을 배우자로 주시지는 않았을 것이라고도 생각했다.

아내는 나한테 맞추려고 노력하고, 나도 아내에게 맞추려고 노력했다. 결혼생활 관련 책도 읽고, 가능한 한 가족에게 시간도 많이 쓰려고 했다. 설거지는 내가 하고, 밥도 종종 차렸다. 아내가 운동이나 공부하러 가면 일주일에 2~3번씩 3시간가량은 내가 아이들을 보기도 했다. 그래도 종종 싸웠다.

사
랑:
고
백
할
까
말
까?

한국의 이혼율은 약 25% 정도이다. 미국이나 영국은 50%, 북유럽은 60~80%가량 된다. 아이러니한 것은 나라가 잘 살수록 이혼율이 높은 것이다. 여행하면서 여러 사람에게 그 이유를 물어봤다. 현대의 유럽인들은 성경 관련 종교들을 잘 믿지 않아서 이혼에 대해 쉽게 생각한다. 그리고 결혼 전의 편한 삶 때문에, 구태여 힘들게 상대방에게 맞춰 가면서까지 고통을 견디고 싶어 하지 않는다고 했다.

남녀가 헤어지는 이유는 사랑에 대해 덜 성숙해서라고 생각한다. 먼저 자기 자신을 사랑하고, 성숙하면 연인을 사랑하고, 더 성숙하면 가족들을 사랑하고, 더 성숙하면 자연과 주변의 것들을 사랑하고, 그리고 전혀 모르는 타인까지 사랑하게 된다. 자기 자신만을 사랑하는 단계에서 남을 사랑하는 단계로 점점 사랑이 커지는 것이다.

결혼 후 3년은 아내를 다른 하나의 나라고 생각하고 편하게 대했다. 싸움이 잦자 어느 순간부터는 남에게 대하듯 생각했다. 남한테도 열심히 봉사하는데 가족들한테 충분히 봉사하지 않는 것은 잘못됐다고 생각했다. 그 봉사가 아무리 궂은 일이라 해도, 내가 하는 일에 방해가 되지만, 일단은 먹고 사는 데는 큰 어려움이 없을 만큼의 경제 사정은 되니까 가족에게 봉사하려고 노력했다. 가족 역시 하나님께서 나에게 주신 일이라고 생각하기 때문이다.

자신과 마음이 맞는 사람을 찾지 못했다면 구태여 결혼할 필요는 없다고 생각한다. 마음이 맞는 사람과 결혼해도 고통스러운데, 그렇지 않다면 그 고통은 상상 이상이다. 나도 현재 부부사이가 그리 좋지 않고, 아내와 헤어질 확률이 훨씬 높다.

동거하는 커플이라면 서류상의 계약 외에 달라지는 것은 없음에도 불구하고 결혼을 하지 않는다. 서로 가까워지는 게 격식이 없어지는 것을 의미하고, 결국 잦은 싸움으로 변할까 봐 그런 것은 아닐까. 그래서인지 유럽 국가에서는 동거로 아이까지 낳고 수십 년 사는 커플들도 많다.

사랑: 고백할까 말까?

결혼의 고통

결혼이 어려운 이유는 이기주의자 두 명이 만나서 이타적으로 행동해야 싸우지 않기 때문이다. 사람들이 예의 바를 수 있는 것은 자신의 본심을 일부 숨기고, 상대방에게 맞춰주는 사회성이 있기 때문이다. 결혼하면 가족이 되기 때문에 거리를 두기가 어렵다. 게다가 아이를 키우다 보면 극도로 피곤해지거나 짜증이 나는 경우가 있는데, 이 때 이타적일 수 있는 사람은 흔치 않다. 이타적이 되기 위해 많이 훈련한 사람들만 화내지 않고 맞춰줄 수 있다.

사람들이 진심으로 이타적인 경우는 많지 않다. 불우 이웃에게 기부하는 사람이 몇이나 있을까? 봉사 활동 다니는 사람이 몇이나 있을까? 지하철에서 자리를 비켜주는 사람은 많지 않다. 물론 '남'이기 때문에 더 그런 것이지만, 부부로 살다 보면 남보다 더 먼 경우가 되곤 한다. 이때조차 상대방에게 맞춰줄 수 있는 사람은 거의 없다. 남도 쉽게 못 돕는 사람이 아내에게, 혹은 남편에게 잘할 수 있을까?

평소 남의 말을 잘 듣고 따르고, 잘 맞춰주는 사람처럼 보여도, 결혼하면 본심이 드러난다. 가식적으로, 억지로 남에게 맞춰주는 척했던 사람은 시간이 지날수록 본색을 드러내게 된다.

아기가 태어나면 약 100일간은 2~3시간마다 모유를 먹여야 한다. 그 일을 아내가 하는데, 남편이 모유 수유를 도와줄 수 없음에도 불구하고, 도와주지 않는 남편에게 화가 난다. 밤새 모유 수유해서 피곤한 나에게 아침조차 차려주지 않고 회사로 가버리는 남편에게 화가 난다. 주말에는 아기를 안 봐주고 자기 시간을 갖는 남편에게 화가 난다. 이렇게 나쁜 생각을 하다 보면 끝이 없다.

역사적으로 가장 지혜롭다는 솔로몬은 싸우기를 좋아하는 여자와 사느니 사막에서 혼자 사는 게 낫다고 했다. 내가 한마디 덧붙이자면, 사막에서 혼자 사는 게 그냥 나은 게 아니라 훨씬 낫다. 사막은 감옥과도 같은 곳인데, 쉽게 말해 감옥에서 사는 게 훨씬 낫다는 것이다.

악처가 드물지 않냐고? 그렇지 않다. 요즘 세상에서 가족에서 한 명만 낳아 애지중지 키우기 때문에, 내 감으로 약 50%는 배우자에 대한 개념이 없다고 보면 된다.

악처들의 기본적인 생각은 남편은 '돈 버는 기계'일 뿐이다. 돈을 주지 않으면 같이 살 의미가 없고, 혹시 악처가 번 돈이 있으면 그것은 가정에 쓰는 게 아니라 자기가 쓰고

싶은데 쓰는 것이다.

자신이 남편보다 잘났다. 아이들과 남편은 자기 말대로 움직여야만 하며, 남편 말을 쉽게 무시하고, 욕한다.

악처들은 만족하지 못한다. 종일 불평불만이다. 생활비가 부족하다, 식비가 부족하다고 끊임없이 불평한다. 최대한 아껴서 식비를 올려주면, 만족하는 것은 그때 뿐이고, 다시 부족한 것을 끊임없이 요구하고, 짜증내고 화낸다. 월급을 다 줘도, 저금은 택도 없고 빚의 이자를 갚기에도 부족하다. 미래와 노후는 없다.

남편이 원한다고 해도 자신이 원하지 않으면 성관계를 하지 않는다. 성경에서 보면 각자의 몸은 상대방의 것이라고(아내는 자기 몸을 주장하지 못하고 오직 그 남편이 하며 남편도 그와 같이 자기 몸을 주장하지 못하고 오직 그 아내가 하나니 고린도 전서 7:4) 한다. 하지만 악처들에게는 내 몸은 남편 것이 아니라 내 것이다.

남편이 일하는 만큼 자신은 아이를 보기 때문에(아이가 어린이집을 다닌다고 해도) 가정일은 반반씩 나눠서 해야 한다고 한다. 그 반조차 제대로 하면 모르겠는데 제대로 잘 안한다. 친구들과 만나서 수다를 떨거나, 꼬임에 넘어가 다단계에 가서 돈을 쓰고 시간을 축낸다. 설거지나 청소, 빨래 등 가정일은 뒷전이다. 결국, 남편은 온종일 일하고, 집에 와서는 설거지하고, 빨래하고, 청소하고, 애도 봐야 된다. 자신을 위한 시간은 가질 수 없다.

아이 교육은 내 마음대로, 남편 말은 안중에도 없다. 예를 들면, 5살 된 아이의 귀를 뚫는다거나 매니큐어 등 화장품을 사는 데 돈을 쓴다. 이 아이가 초등학생이 되면, 귀 뚫거나 화장하는 아이들이랑 어울릴 확률이 높고, 초등학교 고학년쯤에는 성관계를 할 것이며, 공부는 잘 못 하고, 아마 인생 전반적으로는 잘 풀리지 않을 확률이 높다.

온종일 이 가정을 위해 일해도, 그 돈이 배우자 마음대로 좋지 않은 곳에 쓰이면 기분 좋을 리 없다. 내가 노력하는 것들이 의미 없는 결과를 만들고 있다면, 누가 노력하려고 할 것인가.

이런 이유 때문일까. 어떤 사람들은 결혼 후의 삶을 알면 절대 결혼하지 못한다는 말도 한다.

사
랑:
고
백
할
까
말
까?

5살 아이는 자아가 강해서 무슨 일이든 스스로 하고 싶어 한다. 컵에 따르는 것을 특히 좋아하는데, 자신이 먹을 것을 남이 대신 따라주면 화를 낸다. 그래서 알아서 따르게끔 놔두는 경우가 많다. 하루는 컵에 대고 우유를 따르다가 컵이 넘어지는 바람에 우유가 엎어지고 컵이 깨져서 바닥이 엉망이 됐다. 아내와 나는 그것을 닦고 있는데, 아내는 싱크대 근처에서 바닥으로 물이 떨어지는 것을 발견하고는 저것 좀 해결하라며 짜증을 냈다.

나는 물이 처음에 확 엎어지기는 해도, 똑똑 떨어지는 것은 다 떨어지고 나면 그때가서 닦아도 될 듯싶어서 놔뒀다. 아내가 짜증을 내며 다시 이야기해서 봤는데, 알고 보니 아내가 물병의 뚜껑을 제대로 닫지 않은 상태로 전자레인지 앞에 물병을 놔뒀고, 나는 전자레인지 입구를 열면서 그 물병을 보지 못하고 넘어트린 것이었다. 뚜껑이 닫혀있지만 살짝 잠겨있어서 계속 물이 줄줄 나왔다. 넘어트릴 수도 있는 물병을 놔둔 사람이 잘못한 것일까, 아니면 보지 못하고 전자레인지 문을 연 사람이 잘못한 것일까?

결혼하기 전, 아내가 방 닦는 것과 설거지를 싫어해서 그것은 내가 하겠다고 했다. 내가 할 일이 많아지고, 큰

집으로 이사 오면서, 방을 못 닦는 대신 로봇청소기를 샀다. 그리고 식기세척기를 사면서 설거지는 번갈아 가며 했다. 하지만 어느 순간부터 아내는 설거지는 내가 하기로 약속했다면서 나에게 모든 것을 미뤘다.

컵은 설거지통에 넣어놓으면 편한데, 설거지하다 손이 다칠 수 있다며(물론 나는 고무장갑을 항상 끼고 하기 때문에 그럴 일이 없다), 컵에 물을 담아서 밥솥과 전자레인지 주변에 놨다. 그렇게 아슬아슬하게 놓인 컵은 5개가 넘기도 한다. 그래서 설거지하거나 요리를 하다가 엎을 수 있다. 엎을 때마다 그러려니 하고 그냥 닦고 넘어갔다.

아내는 집안 정리와 빨래, 요리를 담당했다. 그런데 아기를 키우면서 바빠서인지, 다단계 사업 때문에 바빠서인지 몸을 닦을 수건조차 없을 때가 있었다. 결국 내가 빨래를 하기도 했다. 게다가 요리는 아내 담당인데 요리하기 힘들어했다. 결국 반찬을 사서 먹어보기도, 반조리 하는 것을 사기도 했는데, 그것조차 귀찮아해서 결국 내가 떠맡았다. 신혼 초에는 밥을 차리면 설거지는 다른 사람이 하곤 했다. 호의가 계속되면 권리로 여기는 것처럼, 어느 순간 내가 항상 밥을 차려야 했다. 최소한의 배려가 사라지면서 과연 이사

람과 계속 살 수 있을까 하는 생각이 들었다.

그런데도 내가 바라는 점은 단 한가지다. 원하는 것이 있을 때는 좋은 말투로 '해주세요.'라고 하는 것이고, 내가 부탁하는 것이 있으면 '앞으로 그럴께요.'라고 하는 것이다. 실수는 할 수 있지만, 노력하는 모습이 없다면 점점 지쳐갈 것이다. 성격 차이가 없는 커플이 어디 있을까. 성격 차이는 서로 맞춰가겠다는 자세가 있으면 극복할 수 있지만, 그렇지 않다면 어떤 사람과도 맞춰 살 수 없을 것이다.

미용실을 한번 정하면 잘 바꾸지 않는 편이다. 미용사가 내 두상의 모양에 익숙해지고 내게 잘 어울리는 스타일을 만들 때까지 시간이 걸린다고 생각했기 때문이다. 보통 5년 이상 다니곤 했었다. 결혼하고는 미용실에 가는 시간조차 아까워서 아내에게 부탁했다. 아내는 미용을 배운 적은 없다. 하지만 시간은 좀 걸려도 꼼꼼해서 깔끔하게 잘 잘라준다. 미용실에서 자른 것보다 마음에 든다.

나는 짧은 머리를 원하는데, 미장원에서는 가능한 한 긴 머리로 자르기를 원했다. 아마도 길게 잘랐을 때 더 자주 오기 때문인 것 같다. 긴 머리는 적어도 한 달에 한 번씩 미장원에 오게 했다. 그 시간이 아까웠다. 나는 눈을 찌르는 것을 못 견디는데, 너무 길게 자르면 금방 눈을 찌르게 된다. 눈을 안 찔러도 이마가 밖으로 안 드러나면 답답해서 힘이 빠지는 느낌이다.

둘째가 태어난 지 3개월, 밤늦게 피곤하지만, 그때가 아니면 내 머리를 자를 시간이 없었다. 약 30분쯤 잘랐을 때였다. 팬티만 입고 욕실에 들어가서 앉아 있었는데 온도는 20도 정도, 좀 쌀쌀했다. 아이가 울기 시작하자 아내는 재우러 안방에 들어갔다. 나는 몸에 묻은 머리카락 때문에 밖으로 나갈 수는 없었다.

그리고 30분 정도 지났는데, 아무 소리도 나지 않자 조금 걱정이 됐다. 아내도 같이 잠들지는 않았을까? 평소 아내는 아침에도 대부분 나보다 늦게 일어나고, 저녁에는 자신이 언제 잠들었는지조차 모르게 금방 잠드는 경우가 많았다. 적어도 잠에 대해서는 신뢰가 없었다.

그래서 혹시 잠들지 않았을까 싶어서 작게 자고 있어요? 라고 물어봤다. 아무 대답이 없자 조금 더 크게 자고있어요? 라고 물었는데 그래도 대답이 없었다. 그래서 더 크게 자고있어요? 라고 물었는데 대답이 없었다. 자고 있지 않다면 한 시간이든 두 시간이든 기다릴 수 있지만, 잠들었다면 나 역시 옷을 입든지 샤워를 하고 나오든지 해야 했다. 다시 한번 더 크게 자고 있어요?라고 소리 질렀더니 들릴락 말락 한 소리로 아니요 라는 말이 들렸다.

이후에도 약 20분쯤 더 기다렸다. 아내는 나에게 오더니 아이 재우는데 그렇게 소리를 내면 어떡하냐고 했다. 나는 만약 아내가 처음에 대답했다면 그 이후에 다시 묻지 않았을 것이라고 했다. 아내는 대답을 안 한 본인의 잘못은 전혀 생각 안 하고, 소리를 크게 낸 내 잘못만 봤다.

약 3개월이 지나고 갑자기 저녁에 그 이야기를 꺼냈

다. 처음에는 무슨 말인가 몰랐다. 듣다 보니 머리 자를 때의 일이란 것을 알게됐다. 나 역시 그때 아내가 한번이라도 대답했다면 이후에 계속 기다렸을 것이라고 했다. 그리고 내가 소리 지른 결과만 중요한 게 아니라 그 과정을 생각했으면 절대 그렇게 말 안할 것이라고 했다. 그러자 아내는 그냥 듣고 넘어가면 되지, 반박하고 넘어갔으니 밴댕이 소갈딱지 같은 사람이라고 했다. 조목조목 따지는 게 상대방 피를 말린다며 나쁘다고 했다.

서로의 잘못을 어느 정도 인정하고, 다시 말하지 않는다면 부부관계가 유지될 것이다. 그런데 틈만 나면 저 이야기를 꺼내면서 사람을 못살게 군다면 같이 살기 힘들다. 나 역시 한 명의 인간이고, 최소한의 대우는 받으면서 살고 싶다. 이런 수모를 당하면서까지 같이 살 필요가 있을까 싶은 생각도 든다.

공개적으로 이런 글을 쓰고 싶지 않지만, 결혼하기 전인 사람들에게 도움이 됐으면 해서 쓴다. 사실 더 큰 사건들도 많지만 구태여 밝혀서 서로에게 좋을 것은 없을 것 같아서 쓰지 않겠다.

사
랑:
고
백
할
까
말
까?

여자가 아이를 돌보고 가정일을 하는 것이 일종의 사랑 표현이라면, 남자가 죽을똥살똥 일하는 것은 나름의 사랑의 표현 방식이다.

그냥 먹고사는 정도라면 그렇게까지 일할 필요가 없다. 적어도 나는 그렇다. 아내와 자식들이 조금 더 풍요로운 삶을 위해서 아침저녁에 졸린 눈을 깨워가며 몸이 병들 정도로 일하는 것이다.

많이 양보해서 남편을 존경하고, 공경하는 것은 바라지 않겠다. 월급 주는 사장님이라고 여겨도 그렇게 함부로 대하면 안 된다.

탈무드에서는 남편을 왕으로 대하면, 남편도 여자를 왕비로 대할 것이라는 말이 있다. 성경에서는 아담을 위해 하와가 만들어졌고, 아내는 남편을 섬기라고 되어있다(에베소서 5장 22절). 물론 남편도 아내 사랑하기를 자기 자신을 사랑하듯 하라고 써있다. 성경을 떠나서라도, 공평의 원리에 의해 자신이 상대방에게 잘못한 것은 돌아오게 되어있다.

남편에게 함부로 대하고 싶으면, 그냥 본인이 돈 벌어서 일하는 것이 맞다. 그런 삶이 행복할까? 여자의 행복이란 남편과 가족의 사랑에 의해서 채워지는 게 더 크다. 사람

에 따라 다르겠지만, 세상 사람들의 눈치를 보느니, 남편 한
명의 눈치를 보는게 대부분의 여자에게는 더 행복한 삶이라
고 생각한다.

사랑: 고백할까 말까?

하나님께서 사람에게 선악과를 먹으면 죽게 될 것이라고 말씀하신다. 그런데 하와가 뱀의 꼬임에 먹게 된다. 그리고 하와는 아담을 꾀어서 먹게 한다. 선악과를 먹은 죄 때문에 아담은 평생 일을 해야 밥을 먹을 수 있게 됐고, 하와는 출산의 고통을 갖게 됐다. 아마도 평생 일하는 고통과 아이를 출산하는 고통의 크기가 비슷하지 않을까? 하나님께서는 공평하시기 때문이다. (아담이 선악과를 먹은 이유 p.316)

10개월간의 불편함을 참고 2~4일간의 큰 고통 속에 아기를 낳아도 끝이 아니다. 몸조리할 여유도 없이 100일간 2시간에 한 번씩 일어나 수유를 해야 한다. 수유 후에는 30분씩 등을 토닥여도 잘 소화하지 못하고 토한다. 30분 정도 쪽잠을 자면, 다시 아이에게 먹여야 해서 잘 자지 못한다.

충분히 먹이고 잠을 재웠는데도 이유 없이 한 시간씩 울기도 한다. 언제 울지 몰라 외출하기도 어렵고, 화면에서 잔인한 것이 나올까 봐 마음껏 TV나 영화도 보지 못한다. 아기의 패턴이 있기 때문에 원하는 시간에 잘 수도 없다. 밥을 먹으면서도 아기가 울면 먹다 말고 아기를 안아야 한다. 부모의 삶은 사라지고, 대부분의 삶이 아기에게 맞춰지게 된다. 물론 서양권의 육아 방식에 따라 아기를 울다 지치

게 내버려 둘 수도 있다. 하지만 어려서부터 사회에 단절을 느낀 아기가 커서 잘 되기는 어렵다고 생각한다.

아기가 자라서 대학교를 졸업하기까지 약 4~5억 원이 든다. 그런데 내가 하는 일로는 집 하나 차 하나 사기도 벅차다. 아기가 먹고 싶은 것 하고 싶은 것을 해줄 수 없을까봐 두렵다. 크면 돈이 없어서 친구들한테 무시당할까봐 두렵다. 학원에 다니고 싶은데 못 보내줄까봐 두렵다. 학교에 따라간 부모를 초라하게 생각할까봐 두렵다. 아이에게 나같은 인생을 물려주는 것은 미안하다. 그리고 아직 아기를 가질 만큼 내가 성숙했다고 생각하지 않는다. 사실 나는 동물 한 마리도 책임지기 두렵다.

이런 이성적인 생각으로 판단하면 아기를 갖지 않았을 것이다. 하지만 종교적으로 보면 아기는 큰 축복이다. 하나님께서 생육하고 번성하라고 하셨다. 아이를 키우는 것은 하나님의 일을 하는 것이다. 아이는 내가 만든 것이 아니라 하나님께서 만들어 주신 것이다. 만약 내가 아기를 키우지 못할 사람이었다면 하나님께서 주시지 않았을 것이다. 그리고 내가 키우는 것이 아니라 하나님께서 키워 주시는 것이다. 나는 단지 도울 뿐이다.

성경의 바울 사도께서 일하지 않은 자는 먹지도 말라 데살로니가 후서 3:10 라고 하셨다. 반대로 말하면 일한 자는 먹을 권리가 있다. 심지어 하나님께서 일하는 소가 배고프면 곡식을 먹을 수 있도록 입에 망을 씌우지 말라 신명기 25:4라고 하셨다. 하나님 일을 하는 것은 하나님을 빚지게 하는 것이다. 하나님께서는 사람과 같지 않으셔서 적어도 2배에서 수십 배로 돌려주신다. 내가 큰 죄를 짓지 않았다면, 아기를 키우는 비용의 2배에서 수십 배를 당연히 주신다. 내 삶이 나아진 가장 큰 이유는 아기를 가졌고, 그 아기가 잘 크기 위해 노력하기 때문이라고 생각한다. 아기가 성인이 될 때까지 하나님은 내게 더 많은 복을 주시리라 믿는다.

능력이 안 돼서 아이가 원하는 것을 해주지 못했다. 결혼 당시 내가 가진 것은 빚밖에 없어서 세금 내기도 벅찼다. 아이에게는 인스턴트 음식이나 빵을 주곤 했다. 아이가 감기 걸리거나 피부가 좋지 않으면 좋은 음식을 못 줘서 그런 것은 아닐까 생각했다. 좀 더 좋은 것을 먹고, 좀 더 좋은 것을 보는 것이 큰일은 아니지만, 못 해주는 부모 입장에서는 가슴 아프다. 하지만 그런 마음을 하나님께서 분명히 보고 계신다. 때가 되면 가슴 아팠던 것 이상으로 돌려주신다.

나중에 내가 더 받을 수 있었던 이유 중 하나는 과거

에 부족해서 고통 받았기 때문이라고 생각한다. 고통 받지 않은 사람에게도 같은 양을 주신다면 하나님께서 공평하시지 않기 때문이다. 지금 당신이 힘들고 괴롭다면, 앞으로 더 잘되려고 그럴 확률이 높다.

결혼하기 전에는 내가 죽지 않을 것이라는 확신이 있었다. 죄를 많이 지었지만, 죽을 만큼 큰 죄는 짓지 않았다고 생각한다. 사람이 칼을 갈 때는 칼을 쓰기 위해 갈지 칼을 버리려고 갈지는 않는다. 마찬가지로 하나님께서 삶을 통해 나를 훈련시키시는 이유는 결정적인 순간에 쓰기 위해서일 것이다. 아직 그런 쓰임은 받지 못했기에 죽지 않을 것이라고 생각했다. 하지만 얼마나 가난하게 살지는 하나님께 달렸다고 생각했다. 목숨만 연명할 정도라고 할지라도 하나님의 뜻이니 받아들이려고 했다.

하지만 결혼하고 나서는 생각이 바뀌었다. 가족이 있기에 하나님께서는 나를 더 신경 써 주시고 더 보호해 주신다. 이 가정이 유지되는 것 이상으로는 나에게 재물을 주실 것이라는 확신을 주셨다. 둘째가 태어날 때는 100억 원 이상을 벌게 될 것이라는 강한 확신을 주셨다. 100억원을 번 후에 이런 말을 했다면 아마 믿지 않았을 것이다. 하지만, 그렇게 되기 전에 이야기한 것이니까 꼭 지켜 봤으면 좋겠다.

그리고 내가 그렇게 하나님께 재물을 받는 것을 본다면, 그것을 보고서라도 하나님의 존재를 믿었으면 좋겠다. 그리고 가능하면 한 번쯤 성경을 읽어 봤으면 좋겠다.

아이를 갖지 않은 커플은 아이를 가진 커플을 안쓰럽게 생각한다. 하지만, 세상의 누구도 아이를 가져서 후회하는 사람은 없다. 100억을 준다 해도 자신의 아이와 바꿀 사람은 많지 않다. 순수한 존재와 하루를 함께할 수 있다는 것은 영광이다. 아이가 삶을 힘들게 하는 것 이상으로 따뜻한 행동과 말로 기쁨을 준다. 누구나 평생에 가장 잘한 일 3가지를 꼽으라면 그중에 하나는 자식을 갖는 것을 꼽는다. 분명히 당신도 그렇게 될 것이다. 👑

좋아하는 일

VS

잘하는 일

직업

TOP 3

직업: 좋아하는 일 VS 잘하는 일

대기업에 취직했으면 그 일을 평생 했을 것이다. 좋아하는 일을 제외하고는 일은 그저 비슷한 일이라고 생각하기에 그 정도 수준에 만족하며 그 정도의 가치만을 만들며 살았을 것이다.

내가 다녔던 학원이 잘돼서 10~20년간 그 학원에서 일했다면 난 책을 쓰지 않았을 것이다. 충분한 돈을 벌기 때문에 삶에 어느 정도 만족했을 것이다. 책을 썼어도 좋은 책을 쓰기는 어려웠을 것이다. 연구만 하는 분들은 어떤 내용을 담을지에 대한 고민은 많이 해도, 어떤 형태로 전달할지에 대한 고민은 많이 안 하는 경우가 많기 때문이다.

내가 다른 출판사에서 냈던 책이 잘 팔렸으면 그 출판사에서 계속 비슷한 책을 출간했을 것이다. 내가 냈던 3권의 책이 다 잘 안 됐고, 왜 책을 사지 않는지 고민하기 시작했다. 결국, 독자분들이 끝까지 읽을 수 있는 요소를 넣어 책을 만들었고, 내 출판사를 차리게 돼서 더 많은 행복과 돈을 얻을 수 있게 됐다.

돈이 없어서 다행이다. 외모가 출중하지 않아서 다행이다. 만약 그랬다면 내 돈이나 외모를 보고 친해진 여자들이 많았을 것이다. 돈이 없어서 진심으로 날 좋아하는 사람들만 만날 수 있었고, 상대적으로 여자 경험이 적다는 것이 인생 전반적으로는 큰 이득이라고 생각한다.

10대의 삶이 하는 일마다 다 잘되는 삶이었다면, 20대의 삶은 하는 일마다 다 안 되는 삶이었다. 하지만 20대의 실패가 없었다면 지금의 나는 없었을 것이다. 20대의 실패로 더 많은 것들을 이해할 수 있게 됐다. 덕분에 이 책도 출간할 수 있었다.

성공한 사람들의 강의를 들으면 항상 좋아하는 일을 해라라고 한다. 그런데 문제는 좋아하는 일이 뭔지 모르는데에 있다. 더 큰 문제는 그 일을 처음에는 좋아서 시작했더라도 대부분 싫어하게 바뀐다. 나 역시 좋아하는 일인 음악을 20년간 쫓았다. 물론 내 잘못이 크지만, 결국 음악은 그만두게 됐다.

지금 하는 일이나 앞으로 하고 싶은 일이 있다면, 첫 번째 질문으로 무엇보다 '왜 그 일을 하고 싶은가? 또는 '왜 그 일을 하고 있는가?'라는 질문에 답할 수 있어야 한다. '좋아하기 때문'도 나쁜 대답은 아니지만, 훌륭한 대답도 아니다. 당신이 10년 전에 좋아했던 음식, 사람, 연예인과 지금의 취향은 다를 것이다. 당신이 10년 전에 만났던 스타일의 애인, 지금도 그런 스타일을 좋아하는가? 처음 술을 맛봤을 때는 쓰고 맛이 없었을 것이다. 어릴적 탄산음료를 처음 마셨을 때는 따갑기만 하고 맛이 없었을 것이다. 하지만 성인이 된 지금은 대부분 술이나 탄산음료를 즐길 것이다. 혹시 나이가 40대 이상이라면 10년 전과 비슷할 수도 있다.

좋아하는 것은 변한다. 당신이 어떤 일을 지금 좋아한다고 했어도, 막상 그 일의 실상은 완전히 다를 수도 있다.

그래서 좋아하는 일이 싫어하는 일로 바뀔 수 있다. 연예인의 화려한 모습에 그 직업을 갖고 싶어했어도, 뜨기까지의 무명생활이나, 사생활의 노출, 짧은 직업 생명, 대기실에서의 오랜 기다림 등이 자신에게 맞지 않을 수 있다.

공부만 잘했지 사람과 대화하는 것을 싫어하면서 의사로서 성공하기는 어렵다. 환자란 대부분 아파서 오는 것이고, 아파서 오는 사람들은 짜증이 많다. 열심히 치료해도 생각만큼 호전이 안 되는 경우도 많고, 그것을 의사 탓으로 돌리기도 한다. 봉사하는 마음을 가진 사람이 아니라면 직업 만족도는 떨어질 수밖에 없다. 돈은 많이 벌어도, 삶은 행복하지 않다. 그래서 연예인이나 의사나 자살률이 높다.

사람의 취향은 계속 바뀐다. 좋아하던 것이 싫어하지고 싫어하던 것이 좋아진다. 더군다나 어떤 일을 직업으로 갖는 것은, 그 일이 가진 힘든 부분마저 갖는 것이다. 예를 들어, 디자인은 좋지만, 남이 디자인을 수정하라고 시키는 것은 싫어할 수 있다. 하지만 수정 없는 디자인은 없고, 그 수정을 시키는 사람은 디자인에 대해 잘 모르는 사람인 경우가 많다.

또, 가르치는 일은 좋아하지만, 공부하는 것과 온종

일 서 있는 것은 싫어할 수 있다. 치료하는 것은 좋아하지만 아픈 사람을 상대하는 것은 싫어할 수 있다. 빵을 만드는 것은 좋아하지만, 아침에 일찍 일어나는 것은 싫어할 수 있다. 어떤 직업을 선택하기 전에 조금만 더 진지하게 고민했으면 수년의 시간을 아낄 수 있었을 것이다.

두 번째 질문으로, '누구보다 그 일을 열심히 할 수 있는가?'에 답할 수 있어야 한다. 하루에 8시간에서 15시간 동안, 단지 1~2년 열심히 하는 것이 아니라, 적어도 3년에서 10년까지 그 일을 누구보다 열심히 할 수 있을까? 만약 상황이 안 좋아져서, 그 일을 해도 돈을 받지 못한다고 해도 그 일을 열심히 하고 싶은가?

디자인을 전공한 학생은 매해 쏟아져 나온다. 일류 디자이너들을 제외하고 디자이너의 생명은 약 40세까지다. 서비스직이다 보니 고객들은 나이 많은 사람은 꺼린다. 첫 시안이 완벽할 수 없기에, 고객들은 끊임없이 수정을 요구하는데, 아무래도 나이 많은 디자이너에게는 수정을 요구하기가 불편하다.

쉽게 말해, 할아버지나 할머니가 운영하는 미용실과, 젊은 사람이 운영하는 미용실 중에 어떤 미용실을 가고 싶은가? 그렇기에 나이 들어서까지 그 일에 열정을 갖고 하려면, 그 일을 진심으로 사랑해야 한다. 돈으로만 하면 오래갈 수 없다. 결국은 다시 다른 일을 처음부터 시작해서 배워야 한다.

세번째 질문으로 '그 일에 관련된 고객을 사랑하는가?' 진심으로 정성을 다하면 고객은 변하지 않는다. 할아버지가 운영하는 미용실이라도 그동안의 단골이 많았다면, 오히려 장사가 더 잘되거나, 젊은 직원들을 써서라도 더 크게 운영을 하고 있을 것이다.

　　최선을 다해 디자인 시안을 넘겼는데, 고객의 수정이 오히려 안좋은 방향으로 수정을 해달라고 했을 때, 나쁜 마음을 먹으면 대충 만들 수 있다. 하지만 좋지 않은 결과물은 고객에게도 손해지만, 본인에게도 손해이다. 다음부터는 그 사람이 일을 주지 않을 것이고, 그 일을 통해서 다른 고객에게 연락이 오지도 않을 것이기 때문이다.

　　디자인을 사랑하고, 고객을 사랑한다면, 고객을 위해 설득을 하거나, 안 좋은 방향으로 수정을 하더라도 최대한 고객에게 득이 될 수 있는 방향으로 노력할 것이다. 그래서 더 좋은 결과물이 쌓이면 그게 그 사람의 인지도가 되고, 더

많은 돈과 명예를 가질 수 있게 한다.

　　그 고객이 잘됐으면 하는 마음이 없으면 그 일을 지속하기 어렵다. 직장이라면 직장상사나 부하직원이 일차 고객일 것이다. 자신을 괴롭히는 직원이 있다면, 그 직원의 좋은 면을 보고, 인정해주려고 노력해야 스스로에게 좋다. 하지만 성과를 못 내는 직원을 억지로 데리고 있는 것은 회사로서도 손해니까 빨리 내보내야 한다.

　　일에 대한 사랑과 고객에 대한 사랑만 있으면 지속해서 그 일을 해낼 수 있다. 만약 그런 감정이 없다면 문제가 있는 것이다. 어쩌면 그 일은 인생 낭비일 수도 있다.

30 이전에 자신이 평생 좋아할 일을 찾으면 그 인생은 성공한 인생이라고 생각한다. 20살까지의 공부는 좋아하는 일보다는 대학교를 입학하기 위한 학문을 공부한다. 자신이 뭘 좋아하는지는 알 시간이 없다. 대학교도 점수에 맞춰서 가지 자신의 재능에 맞춰서 가지는 못한다.

　　결국 전공은 했지만 그 전공으로 일을 하는 경우는 드물다. 전공을 바꿔 다시 대학교에 가는 경우도 많다. 대기업에 못 들어가면 인간다운 삶은 힘들어지고, 배운 것은 공부밖에 없기에 결국 공부로 인간답게 살 수 있는 공무원 준

직업:

좋아하는 일 VS 잘하는 일

비를 하는 경우가 많다. 공무원 일이 좋아서, 적성에 맞아서 하는 사람은 드물다. 인생의 절반은 일인데, 일이 행복하지 않으면 인생이 행복할 수 없다.

대부분의 사람은 자신이 보는 것에 따라, 주변 사람과 환경에 따라 자신의 목표가 바뀐다. 뚜렷한 목표 없이 이 일, 저 일을 하다 보면 금방 40, 50이 된다. 40, 50이 돼서, 가정이 있는데 자신이 하고 싶은 일을 하기는 쉽지 않다. 물론 그때조차도 취미로라도 자신이 하고 싶은 일을 꾸준히 해야 한다고 생각한다. 그 취미 때문에 본업을 더 열정을 갖고 할 수 있고, 운이 좋으면 그 취미로 본업보다 더 잘될 수도 있기 때문이다.

직업: 좋아하는 일 VS 잘하는 일

'좋은 기업을 넘어 위대한 기업으로'에서 위대한 기업의 특징을 알아내기 위해 3.8억 바이트의 정밀한 데이터를 5년간 15,000시간 동안 분석했다. 위대한 기업의 가장 큰 특징은 고슴도치 컨셉이다. 고슴도치 컨셉이란 좋아하고, 잘하고, 돈이 되는 세가지를 모두 충족하는 일에만 집중해서 관심을 두고, 그 외에는 아무리 큰돈이 돼도 무시하는 것을 말한다.

문제는 세가지를 모두 충족시키기가 어렵다. 그러니 한가지만이라도 충족시킬 수 있다면 더 중요한 것은 무엇일까? 기업의 입장에서는 '돈'이겠지만, 사람의 입장에서는 다르다. 물론, 당장 먹고 살기 힘든 상황에서는 돈이 가장 중요하다. 하지만 먹고 사는 문제가 어느 정도 해결이 되는 상황에서는 '잘하는 일'이 중요하다. 아이러니하지만, 좋아하는 일을 잘하게 될 확률보다, 잘하는 일을 좋아하게 될 확률이 더 높다.

돈 많은 남자라면 누구나 자동차에 관심을 두고, 돈 많은 여자라면 누구나 옷에 관심을 둔다는 말이 있다. 차에 빠진 국내의 대기업 회장님은 슈퍼카 124대 약 470억 원 상당의 차량을 갖고 있다. 그래서 자신이 좋아하는 자동차 사업에 뛰어들었지만, 외국 회사에 팔리는 굴욕을 맛보게 된다.

　　나 역시 좋아하는 일은 음악을 만드는 것이었고, 20년간 음악을 했지만 스트레스가 심하고 돈이 안 됐다. 결국 덜 좋아하지만 잘하고 돈이 되는 일을 선택했다. 그것은 영어를 가르치고 책을 만드는 일이다.

直업:
좋아하는
일
VS
잘하는
일

사람마다 잘할 수 있는 일은 다르지만, 개개인의 능력은 비슷하다. 예를 들어 운전을 익히는데 일주일이 걸리는 사람이 있고, 한 달 걸리는 사람이 있을 것이다. 하지만 1년 걸리는 사람은 거의 없다. 아기가 걸음마를 익히는데 1년, 2년은 걸릴 수 있지만, 5년 넘게 걸리는 경우는 없다.

모든 일은 걸음마나 운전과 비슷하다. 그 일을 성공시키는데 걸리는 시간은 다르겠지만, 꾸준히 하면 언젠가는 익힌다. 대부분의 고급 기술은 약 3년~5년이면 익힐 수 있다. 10,000시간의 법칙이라는 말이 있다. 어떤 분야나 일만 시간을 들이면, 그 분야를 전문가 수준으로 할 수 있다는 것이다. 일만 시간을 채우려면 하루에 9시간 14분을 투자했을 때 3년에 채울 수 있다. 만약 이만큼의 시간을 투자하지 못한다면 시작하지 않는 게 낫다.

하루 24시간 중에 잠자는 시간 7시간, 식사하는 시간 2시간을 빼면 15시간이 남는다. 하지만 15시간 동안 집중할 수 있는 사람은 없을 것이다. 집중의 정도에 따라 다르겠지만, 보통 짧게는 5시간, 길게는 12시간 정도를 집중할 수 있다. 운동, 연애, 휴식, 화장실, 잡담 등의 시간을 다 빼더라도 약 9시간씩 3년(9,855시간)은 누구나 할 수 있다. 그게 어렵다면 하루에 3시간씩 10년은 할 수 있을 것이다.

3년간 한 분야만 한다고 했을 때, 15살부터, 60살까지 40년 동안 15분야를 전문가 수준으로 해낼 수 있다. 다만 대부분의 사람은 그 한 분야를 정하지 못하고 방황한다. 한 분야를 10년간 하더라도, 어떤 뚜렷한 방향으로 발전시키기보다는 그냥 남이 시키는 일을 마지못해서 하는 경우가 많다.

30살까지 자신이 진정으로 원하는 것을 찾을 수만 있어도 성공한 인생이다. 10,000시간에 법칙에 따르면, 이후 짧게는 3년(하루 9시간씩), 아니면 10년(하루 3시간씩) 이후부터는 성공적인 삶을 살 수 있게 되기 때문이다.

결국 중요한 건 그 사람이 얼마나 오랫동안(10,000 시간 이상) 지속해서 열심히 할 수 있느냐인데, 열심히 할하게 하는 힘을 '열정'이라고 한다. 열정은 어떤 일을 좋아할 때도 나타나지만 싫어할 때도 나타난다.

예를 들면, 세상의 부정부패, 불법에 불만이 있을 수 있다. 그것을 바꾸고 싶어서 노동운동을 할 수도 있고, 정치계에 입문할 수도 있다. 그 사람은 먹고사는 문제만 해결이 되면, 온종일 노동운동과 정치를 할 것이다. 그 일을 지속해 나가는 중에 '사명감'이 생기게 된다. '사명감'이 생긴 경우

에는 마치 자식을 키우는 것처럼 10,000시간을 넘어 평생 그 일을 지속할 수 있다. 어떤 사람도 그 사람보다 더 열심히 그 일을 할 수는 없다.

사명을 가진 사람 앞에서 돈이 목적인 사람은 무너질 수밖에 없다. 국회의원은 월급 600만 원에 각종 연금, 특권, 직원, 운영비로 월 4000만 원 정도를 받는다. 만약 월급을 300만 원으로 줄이고, 운영비를 500만 원 이하로 줄인다면, 그 일을 정말 하고 싶어하는 사람만 하게 될 것이다.

이 세상이 완벽하다고 생각하는 사람은 없을 것이다. 분명히 자신이 느껴 온 불만, 부조리가 있다. 그중 가장 큰 문제를 어떻게 해결할 것인가가 그 사람 인생의 사명일 수 있다. 예를 들면, 아토피를 앓아 온 사람에게는 아토피일 수 있고, 이성 문제를 겪어온 사람에게는 이성 문제일 수 있다. 살면서 힘들었던 것, 불만이었던 것을 쭉 써보자. 그중에서 가장 크게 불만인 것을 해결해 보는 것은 어떨까.

나는 영어를 누구보다 어렵게 배웠기에, 어떻게 쉽게 배우는지 알게 됐다. 그래서 영어책을 집필하고 강의한다. 또한, 사람들이 겪는 시행착오도 안타까웠다. 그래서 영어 책에도 그런 내용들을 담고 있고, 이 책(돈꿈사)도 집필했다.

돈이 되는 일

돈의 다른 말은 '가치'이다. 사람들은 '가치'를 보고 상품을 산다. 가치가 돈보다 클 때도 있고, 적을 때도 있다. 어떤 책은 그 사람의 인생을 만원만큼만 영향을 주는 책도 있고, 수년의 시간을 아껴주는 책도 있다. 그런 책은 수백만 원보다 가치 있다.

가치가 높은 일을 할수록 더 많은 돈이 된다. 가치가 높다는 것은 '희소성'인데, '희소성'이란 '남이 할 수 없는 일'을 말한다. 그 일을 해낼 수 있는 사람이 적을수록 희소성이 높다. 대부분의 사람은 좋은 아이디어가 떠올라도 나는 할 수 없어, 누구도 못 해낼 껄이라고 생각하고 하지 않는다. 하지만 결국 해내는 사람이 그만큼의 부와 명예를 얻게 된다.

그런 아이디어가 있다면 당장에 실행에 옮기겠다는 사람들도 있을 것이다. 그런 분들을 위해 좋은 아이디어를 p.288에 모아놨다. 나는 교육사업과 몇몇 복지사업을 제외하고는 직접 참여할 시간적 여유가 없기 때문에, 원하는 사람이라면 누구나 그 아이디어를 보고 실행에 옮기면 된다.

돈이 없어 못 하는 것은 핑계다. 어떤 일이든 작게 시작하면 100만원 이하로 시작은 할 수 있다. 그 이상 필요한 돈은 벌

어가면서 해도 되고, 펀딩을 받아도 된다. 나라에서 지원하는 프로그램도 꽤 있다. 100만원으로 사업을 하면 수억 원을 창출해 낼 아이디어를 생각해내게 되는데, 수억 원을 갖고 사업을 하면 수개월, 수년에 수억 원을 다 써 버리고 망할 확률이 높다. 10개의 사업체 중에서 9개는 망하는데, 망하는 가장 큰 이유는 경험이 없어서이고, 너무 많은 돈을 갖고 시작해서이다. 돈이 많으면 쉽게 돈으로 사업하려고 한다.

실제로 한국에서 창업하는 사람들의 30%는 자본금이 500만 원 이하이다. 500만 원이라는 돈은 아껴쓰면 5달이면 모을 수 있는 돈이다.

어떤 일을 시작할 때, 그 일이 정말 돈이 될지 안 될지 알기는 어렵다. 이미 돈이 된다고 밝혀진 일은 너무 많은 사람이 하고 있어서 희소성이 없다. 후발 주자로 사람들의 마음에 각인이 되려면 앞서 했던 기업의 5배의 시간과 돈이 들어간다. 그렇게 빼앗은 브랜드조차 처음 각인됐던 브랜드만큼 힘을 발휘하기는 어렵다.

돈은 생각하지 말고 가치를 생각해보자. 어떤 사업이 성공했을 때, 얼마나 많은 사람이 얼마나 행복한 삶을 살게 될 지를 말이다. 기왕이면 더 많은 사람에게 혜택이 갈 수 있는 사업이 좋고, 그 혜택이 크면 클수록 좋다. 쉽게 말해 1:1

과외 보다는, 1:다수인 학원이 낫고, 학원보다는 1:수십만 명인 온라인 강의가 낫다. 한 사람당 수십만 원을 받고 수백 명에게 강의하는 것도 방법이지만, 기왕이면 책으로 내서 한사람에게 만 원씩 받고 수만 명에게 혜택을 가게 하는 것이 더 낫다. 상대하는 고객은 많을수록 좋고, 가치대비 가격은 낮을수록 좋다.

당장 창출한 가치에 대한 대가를 못 받는다고 실망할 필요는 없다. 오히려 공평의 원리(p.198)에 의해 나중에 더 큰 대가를 받게 되어있다. 남을 즐겁게 해준 만큼 자신이 즐거워지게 되어있다. 코미디언들의 배우자가 미남 미녀인 것은 이런 이유가 크다고 생각한다. 기부하는 양이 많을수록 돌려받는 금액도 많다.

시간당 만원 받는 알바를 해도, 딱 만원어치만 일하면 추가적인 가치는 없으므로, 더 받을지는 못한다. 하지만 2만 원, 3만 원어치 일을 하면 당장은 못받더라도 나중에 어떤 식으로든 돌려받게 되어있다. 그렇지 않다면 세상에 하나님이 계시지 않는것이다.

직업: 좋아하는 일 VS 잘하는 일

잘하는 일, 돈 되는 일을 찾을 수 없다면, 좋아하는 일을 시도해보는 것도 좋다. 하지만 취미가 아닌, 일로써 좋아하기란 어렵다. 그저 좋아 보이는 일을 시도해보고, 꿈을 갖고 도전해볼 뿐이다. 비참하게도 대부분은 그 일을 시작할 기회를 얻기 전에 포기하거나, 잘하게 되기 전에 포기하는 경우가 많다. 잘하게 된 이후에는 싫어지거나 한계를 느껴서 포기하기도 한다.

진정으로 좋아하는 일을 찾기 위해 브라이언 트레이시는 <목표 그 성취의 기술>에서 이 조언들에 답해보라고 한다. 가능하면 글로 빈칸에 써보도록 하자.

1   앞으로 6개월밖에 살지 못한다면, 이 세상에서의 마지막 6개월을 어떻게 보내겠는가?

2   10억이 생긴다면 무엇을 하고 싶은가?

3 　 모든 것을 이뤄주는 마법의 지팡이를 휘두를 수 있
다면, 무엇을 갖고 싶고, 어떤 능력을 갖고 싶은가?

4 　 장례식에서 사람들이 나에 대해 어떻게 이야기했
으면 좋겠는가?

5 　 하루종일 오직 한 가지 일만 할 수 있다면 무슨 일
일까?

6 　 아무런 보수 없이도 평생 할 수 있는 일이 무엇일까?

직업: 좋아하는 일 VS 잘하는 일

좋아하는 일도 없다면 현재 하고 있는 일에 충실하고, 그 일에 최선을 다하는 것을 추천한다. 모든 일에는 나름의 묘미가 있다.

아니면 내가 세상에서 가장 갖고 싶은 것과 관련된 직업도 좋다. 집을 갖고 싶다면 건축가가 돼라. 남들에게 수천개의 건물을 지어줘놓고 자신은 건물을 하나도 갖지 못하면 불공평하다. 건축가가 어렵다면 부동산 업도 좋다.

돈을 갖고 싶다면 은행가가 돼라. 남의 돈을 지켜주고 부자로 만들어 주는 사람이 부자가 되지 않는다면 불공평한 것이다. 다만 정도 이상으로 이자를 받고, 협박하고 남에게 피해를 준다면 그 만큼 자신도 빚 때문에 고생하고 협박 당하게 될 것이다.

결혼하고 싶다면 웨딩플래너나 중매를 해라. 수백쌍을 짝지어 줬는데 자신은 결혼을 못한다면 불공평한 것이다.

지혜를 얻고 싶다면 선생님이 돼라. 남에게 지혜를 주면서 자신이 지혜를 받지 못한다면 불공평한 것이다. 남에게 전하는 깨달음의 크기만큼 자신과 자신의 가족에게 좋은 기회가 올 것이다.

건강하고 싶다면 의사가 돼라. 수만명을 건강하게 만

들었지만, 본인이 건강하지 않다면 공평하지 않은 것이다. 진심으로 환자를 생각하고, 자신의 몸을 치료하듯 환자의 몸을 치료해야 한다. 치료라고 믿었던 방법이 주로 건강을 악화시킨다면 더 나은 해결책을 찾아봐야 한다.

의사 대부분은 학교에서 배운, 부작용이 많은 방법을 고수하는 경우가 많다. 새로운 치료법은 자신이 해야할 일이 아니라고 느끼는 경우가 많다. 혹시라도 치료가 아니라 건강을 악화시키고 있다면, 그 의사도 건강이 악화돼야 공평한 것이다.

즐거워지고 싶다면 남을 즐겁게 하는 사람이 돼라. 당장 운동선수나 연예인이 되어 많은 사람을 즐겁게 하지는 못할 것이다. 하지만 자신의 주변 사람을 즐겁게 하고 행복하게 만들 수 있다면, 그만큼 자신도 즐겁고 행복해져야 공평하다. 그리고 더 많은 사람 앞에서 즐거움을 줄 수 있는 기회가 생겨야 공평해진다. 그리고 자신이 전한 행복의 크기 이상으로 자신이 받게 될 것이다.

실패는 걱정은 할 필요 없다. 얼마나 큰 가치를 창출해내느냐가 중요하다. 나쁜 일조차 수 년, 수십 년 하는 사람들은 큰 일을 이뤄낸다. (하지만 그 결과 감옥에 끌려가거

나, 죽어서 지옥에 간다) 하물며 바른 생각을 갖고 끝까지 하는 일이 잘못될 수가 없다. 물론 그 중간 마다 자신의 다짐을 시험하는 어려운 일들이 생긴다. 그런 일이 있을 때마다 자신의 의지를 다지는 계기가 돼야지, 거기에서 무너지면 자기 뜻이 그렇게 작았다는 증거밖에 안 된다.

언젠가 잘 되면(혹시 그 분야가 아니더라도), 그 고생들이 좋은 경험과 이야기가 돼서 당신의 사업에 큰 도움이 될 것이다.

첫 직장이 중요한 이유

영어가 재미있어져서 영어 전공수업들을 교양 삼아 들었다. 졸업할 때가 됐을 때, 1년만 더 다니면 영어 학위가 나오는 것을 알고 부모님께 더 다니고 싶다고 말씀드렸다. 부모님 께서는 직접 벌어서 다니라고 하셨다. 그런데 학생 신분에 큰돈을 벌 수 있는 일이 별로 없다.

영어는 자신 있었기에 영어를 가르치려고 벼룩시장 과 온라인에서 가까운 학원을 알아봤다. 중학교와 대학교를 멀리 다니다 보니 일만큼은 가까운 곳에서 하고 싶었고, 학 원 선생님들 수입이 다 비슷한 줄 알았다. 실제로는 가장 많 은 수입 격차가 있는 곳이 학원 쪽이다.

가까운 곳의 N학원에서 면접 보고 싶다고 해서 면접 을 봤다. 5분가량 시범 강의를 하고 대화를 나눴는데, 바로 수업에 넣기는 어렵겠다며 한 달간 훈련을 받을 생각이 있 냐고 하셨다.

이후에 한 달간 월급 받지 않고 훈련받았다. 매일 다 른 문법 주제로 강의하면, 부원장님께서 의견을 주신 뒤에 본인의 강의를 보여주셨다. 부원장님은 외무고시에 실패하 시고, 20년 가까이 학원에서 영어를 가르치셨었다(지금 하 고 계시다면 30년이 넘으셨을 것이다). 한 달의 기간이었지

만, 그 덕분에 다른 영어 선생님들보다 3년은 앞서갈 수 있었다. 한 달이 끝날 즈음, 부원장님께 어떻게 하면 부원장님처럼 좋은 강의를 할 수 있습니까라고 여쭤봤다. 수업 준비하는 시간 말고 평상시에 항상 영어강의에 대해 고민해야 한다고 말씀하셔서, 이후에는 언제 어디서든 영어 강의에 대해 고민했고, 약 3년 뒤엔 나만의 강의가 생겼다.

그 학원은 선생님들을 계속 공부할 수 있게 해서 좋았지만, 수업을 아주 힘들게 시켰다. 90분씩 4타임인데(6시간), 중간에 쉬는 시간이 없었다. 계속 서서 강의해야 했고, CCTV에서 화장실에 다니는 횟수가 많으면 그것 가지고도 뭐라고 했다. 결국 몸이 안 좋아져서 2달 만에 그만뒀다.

몸을 회복하고 다시 학교를 다니다가 돈이 필요했다. 결국 학원 일로 돈을 벌어봤기 때문에 또 같은 방법으로 돈을 벌고 싶었다. 다른 일은 어떻게 익히는지 두렵고, 적응하기까지 시간이 걸리겠지만, 학원 일은 바로 할 수 있었기 때문이다. 그 당시 20~30군데 학원에 이력서를 넣으면 3~5군데는 연락이 왔고 그중에 1~3군데는 채용하기를 원했었다.

반면에, 대기업에는 30군데 정도 이력서를 넣었지만 서류 통과하기도 어려웠다. 부모님께서는 공무원을 준비해

보라고 하실 정도였다. 이력서를 넣어도 계속 떨어지다 보면 불러주는 곳만 있다면 일하고 싶다는 생각이 들게 된다. 가정 형편이 어렵다면 더욱 그렇게 되기 쉽다.

인생의 절반은 일인데, 일에서 행복하지 않으면 행복의 지수는 떨어진다. 일이 행복하려면 적성에 맞아야 하고, 자신이 원하는 생활이 유지될 만큼의 돈을 벌 수 있어야 한다. 육체적, 정신적으로 심하게 고통을 주는 상관이 없어야 한다. 물론 일해보기 전까지 그런 사람이 있는지 없는지는 알기 힘들고, 어디를 가나 정도가 다를 뿐 고통을 주는 상관은 있다. (참고로 존 러스킨에 의하면, 일에서 행복하기 위해서는 적성에 맞고, 너무 많이 하지 않고, 성취감을 느껴야 한다고 한다)

앞서 이야기했듯이 한번 돈을 벌면 계속 그 일로 돈을 벌려고 한다. 그쪽에 경력이 쌓이면 다른 일을 하고 싶어도 하기 어려워진다. 500만 원 받고 은행에서 10년간 일하던 사람이 다른 일을 알아본다고 하자. 다른 일은 200만원부터 시작해야 하고, 그 일을 배우기까지 시간이 걸린다면 하기 쉽지 않을 것이다.

그래서 첫 직장은 중요하다. 오래 다니지 못할 것 같다면 최대한 빨리 그만두는 것이 자신에게 좋다. 그만둔 뒤에 이

력서에서 그 직장은 쓰지 말아야 한다. 다른 직장에서 그 이력을 보면 이 사람이 빨리 그만둘 수도 있다고 생각한다.

6개월의 디자인 과정이 끝날 무렵, 디자이너가 필요한 출판사에서 인사를 왔다. 출판사 쪽에서 발표를 하고, 학생들도 발표했다. 며칠 뒤에 서로 마음에 드는 쪽에 연락해서 면접을 봤다. 내가 발표한 이후에 나를 우선순위에 둔 출판사가 몇 군데 있었지만, 면접 보기 전에 이미 H출판사에 취직을 하게 돼서 거기서 일하게 됐다.

H 출판사는 50년이 넘은 종합출판사인데, 나는 한국에 관한 내용을 담은 영어책을 만드는 부서에 들어갔다. 영어를 전공하기도 했고, 영어폰트에도 관심이 많았고, 내가 디자인하는 스타일과도 잘 맞을 것 같아서였다.

디자인이 너무 재미있어서 회사가 끝나면 남아서 일했다. 집에 가 봤자 딱히 할 일도 없으니, 남아서 디자인 관련 자료도 찾아보고 새로운 시안도 만들어 보는 것이 재미있었다. 야근비는 없었지만, 종종 공짜 저녁식사를 주는 것도 참 좋았다.

출판시장은 침체기였다. H출판사도 몇몇 스테디셀러에 의존해서 꾸준한 수입을 얻었지만, 매출은 점점 줄었다. 회사가 잘돼야 내가 잘될 것이라는 마음에 한 달에 한번, 맡은 일 외에 출간 기획서를 내겠다고 말씀드렸다. 그런데 내 바로 위의 편집장님께만 보여드렸으면 큰 문제가 되지는 않았을텐데, 편집장님, 부장님, 대표님 이렇게 세 분께 보내드렸던 것이 문제가 됐다.

처음 보내드렸을 때의 반응은 그저 그랬지만, 두 번째 책을 보여드렸을 때는 대표님께서 상당히 좋아하셨다. 다음날 부장님께서 나를 불러내더니 우리가 못해서 기획안을 안 내는 줄 아느냐고 하셨다. 그리고 가진 것을 많이 보여주면 보여줄수록 빨리 잘리게 될 것이라고 하셨다.

월급 90만 원 받는 3개월의 인턴 생활에서 정직원으로 바뀌는 날 회사에 출근했는데, 부장님이 이제 회사에 나오지 말라고 하셨다. 최선을 다해서 일했는데, 잘려서 우울했다. 지금 와서 생각하면, 그 출판사가 나한테 맞는 출판사는 아니었다. 아버지 말씀대로 나를 키워줄 회사는 아니었다.

사실 어떤 회사에 소속되더라도 가늘고 길게 가려면 튀지 않는 게 좋다. 너무 열심히 하거나 너무 못할 필요가 없다. 그저 중간보다 좀 더 열심히 하는 정도, 남들보다 20분정도 일찍 나와서 10분정도 늦게 퇴근하는 정도가 좋다. 물론 그게 옳은가? 라고 묻는다면 분명히 '옳지 않다'. 공평의 원리

에 의해 결국 그 수준에서 발전할 수 없을 것이다. 마치 관우의 청룡언월도를 사과 깎는데 쓰는 격이다.

다시 영어 강사 일과 디자인 일을 알아보며, 예전에 나를 좋게 생각했던 빛과 소금 출판사에 연락했다. 영어학원을 같이 하는 출판사였는데, 대표님께서 디자인보다는 강사로 채용하고 싶다고 하셔서 다시 영어 강사로 일하게 됐다. 다행히도 그 출판사는 나랑 잘 맞았다. 내가 매사에 적극적이고, 열심이고, 나쁜 의도가 없고, 내 일처럼 했던 것을 대표님께서 좋게 봐주신 것 같다. 상황이 좋을 때나 안 좋을 때나 나를 믿어주신다는 마음에 흔들리지 않고 일할 수 있었다.

　　취업할 때, 대부분 그 회사에 맞출 마음으로 취업을 한다. 하지만 사람의 본성은 쉽게 바뀌지않는다. 그 회사에 맞추는 것은 한계가 있다. 게으른 사람이 부지런해질 수 없다. 반대로 게으른 사람들 속에서 혼자 부지런하면 부지런한 사람만 이상하게 보인다. 그리고 야근은 죽어도 하기 싫다면 야근하는 회사에 들어가면 안 된다. 회사가 나를 선택하는 것처럼, 나 역시도 회사를 선택해야 한다. 한번 사는 인생인데 회사 때문에 자신이 가진 본성과 옳다고 생각하는 가치를 잃으면 안 된다. 연애를 할 때도 마찬가지다.

적성을 찾는 법

자신이 그 일을 얼마나 많이 노력할 수 있는지는, 그 일을 얼마나 사랑하는지를 보면 알 수 있다. 쉽게 말하면 그 일을 '얼마나 잘하고 싶은지'를 보면 알 수 있다. 그 일에 대한 사랑이 커지면 자신의 분야에서 최고로 인정받는 것이 돈을 수백억 받는 것보다 낫다.

연기자라면 외모가 뛰어난 것보다, 비싼 광고 찍는 것보다, 외제 차 끄는 것보다, 연기를 잘하는 것이 더 부럽다. 물론 돈을 너무 못 벌면 문제가 되겠지만, 먹는 거야 어느 정도 먹고 살 정도면 된다. 마찬가지로 나는 잘 가르치고 책 잘 만든다는 말을 듣는 것이 돈을 많이 버는 것보다 더 값진 일이다.

물론 노력한다고 잘할 수 있는 것은 아니다. 타고난 것도 중요하다. 내가 자주 언급하는 책인 브라이언 트레이시 <목표 그 성취의 기술>에서는 자신의 적성을 찾기 위한 8가지 특성을 알려준다.

1   하고 싶은 어떤 일을 하면 항상 최상의 기분과 최고의 행복감을 느낀다. 여유가 있다면, 아무런 보수 없이도 그 일을 할 수 있다. 그 특별한 일에 매달

려 있을 때, 최상의 성과를 낸다.

2 그 일을 잘한다. 당신은 그 영역의 일을 수행할 수
있는 능력을 타고난 것처럼 보인다.

3 지금까지 살면서 누린 성공과 행복은 대부분 이 재
능 덕분이었다. 어린 시절부터 당신은 그 일을 즐
겨왔고, 그 일로 인해 남들로부터 최고의 보상과
찬사를 받았다.

4 그 일은 당신이 쉽게 배우고 쉽게 했다. 그 일을 언
제 어떻게 배웠는지 기억이 나지 않을 정도로 쉽게
배웠다. 그저 어느 날 문득 보니 그 일을 쉽게 그리
고 잘하고 있었을 뿐이다.

5 당신은 그것에서 관심을 뗄 수가 없다. 그것에 끌
리고 매혹된다. 당신은 그것에 대해 생각하고, 그
것에 대해 읽고, 그것에 대해 이야기하고, 그것에
대해 더 많은 것을 알고 싶어 한다. 불꽃에 끌려들
어 가는 나방처럼 그것에 끌린다.

6 당신은 그것을 배우기 좋아하며 그것에 점점 더 능
숙해진다. 당신은 이 특별한 영역에서 진정으로 뛰
어나고 싶은 뜨거운 욕망을 느낀다.

7 당신이 그 일을 할 때면 시간은 고요히 정지한다.

당신은 그 일에 너무 몰입한 나머지 먹지도 않고 자지도 않은 채 오랫동안 그 특별한 재능의 영역에서 일할 수 있다.

8   그 일을 능숙하게 하는 다른 사람들이 진정으로 부럽고 존경스럽다. 그들처럼 되고 싶고, 그들 주위를 맴돌고 싶고, 온갖 방법으로 그들을 모방하고 싶다.

직업: 좋아하는 일 VS 잘하는 일

노량진에서 일할 때 강수정 선생님(K선생님으로 줄임)의 교재로 공무원 학생들을 가르쳤다. K선생님께서는 좀 더 심화 과정인 학생들을 가르치셨고, 나는 입문 과정의 학생들을 주로 가르쳤다. K선생님 학원에서 K선생님의 교재로 가르치는 한 K선생님보다 잘되기는 어렵다. 내가 실력이 정말 뛰어났다면, 훨씬 열심히 수업 준비를 했으면, 혹시 가능했을지도 모르겠다. 시간이 지나자 학생들의 수는 점점 줄었고, 10명이 채 안 돼서 폐강하기에 이르렀다.

다른 곳에서 문제 많은 학생들을 가르칠 때였다. 수업시간만으로는 학생들 실력 향상에 한계가 있었다. 계약에 없던 시간에도 가르쳤고, 주말에도 가르쳤지만, 역시나 성공하지 못했다. 가르치는 기간이 짧은 것(한 달)도 문제였지만, 학생들의 의욕이 없는 것은 더 큰 문제였다. 무료로 가르쳐줘도 공부하러 나오는 학생의 수는 손에 꼽을 정도였고, 한 명도 나오지 않는 경우도 있었다.

내가 일한 7개의 영어학원 중 4개는 망해가는 학원이었다. 3번은 잘렸고, 한번은 그만뒀다. 그 학원이 잘됐으면 하는 마음에 최선을 다했는데 잘 안됐다. 학생들의 성적을 올리고, 재미있게 잘 가르치는 것만으로는 성공할 수 없다. 원장님, 학부모, 학생과의 관계가 모두 좋아야 한다. 학원 관리가 잘 안 돼서 학생들이 빠져나갈 때 친구 따라 옮기는 학생은 막기 어렵다. 원장님이 싫어서 빠져나가는 학생을 교사가 억지로 붙잡을 수도 없다.

최선을 다했는데 잘 안되면 자신을 탓하는 경우가 많다. 그런데, 자신이 아니라 누가 했어도 실패할 만한 일인 경우가 많다. 정말 천재적인 능력이 있는 사람조차 실패할 확률이 더 많은 일이었다. 그 잘못은 그 사람에 있는 게 아니라 그 일을 준 상관에게 있다고 피터 드러커는 말한다. 왜냐하면 그 사람이 그 일을 해내기 어려울 것이란 것을 판단하지 못했기 때문이다. 게다가 대부분의 그런 일들은 능력이 뛰어난 사람이 맡았어도 실패할 일이라고 한다.

일이 잘 안 된다고 자신을 탓할 필요는 전혀 없다. 인생의 90%는 운이다(p.228). 운이 있을 때는 안될 일도 되고, 운이 없을 때는 될 일도 안 된다. 사람으로서는 최선을 다하고 앞으로 나갈 뿐 결과는 알 수 없다. 결국 언젠가 성공하는 것은, 그리고 성공을 유지하는 것은 끊임없이 최선을 다하는 자세(태도)이지, 잠깐 성공하고 잠깐 실패하는 것은 의미가 없다.

꿈

내가 바꾸면

세상이 바뀐다

TOP 4

태도가 중요한 이유

공부 머리는 어느 정도 타고난다. 학교 수업만으로도 공부를 잘 하는 학생이 있는가 하면, 아무리 과외를 해도 잘 안되는 학생도 있다. 공부 방식으로 어느 정도 극복할 수는 있지만, 역시 한계는 있다. 내가 가르치는 방식은 지적 능력과 상관없이 영어가 가능한 방법이다. 다만 그것을 받아들이는 속도는 다 다르다.

have to라는 표현을 '~해야 한다' 구체적으로는 '~해야 할 이유가 있다'로 가르쳐 주면, 실제 독해 지문에서 have to가 몇 번 나왔을 때 스스로 해석할 수 있는지는 다 달랐다. 어떤 학생은 20번 넘게 반복했음에도 기억을 정확히 못 하는 학생도 있었다. 스스로 굉장히 답답해했다.

이 학생이 공부를 잘 못 한다고 해서, 이 학생의 인간적 가치가 낮은 것은 절대 아니다. 다만 학교에서 유일하게 눈에 보이는 척도가 그 아이의 성적이기 때문에, 대학교를 졸업할 때까지는 삶이 힘들다. 하지만 사회에서는 다른 가치가 더 중요한 경우가 많다. 사업, 운동, 인간관계 등을 잘 하면, 공부 잘했던 학생들보다 훨씬 돈도 많이 벌고, 자신의 직업에 만족하면서 살 수도 있다.

중3부터 고등학교 3학년까지 학교에서 약 절반가량

은 공부를 포기한 학생이다. 일찍부터 기술을 배우면 20대 초 중반부터 돈을 벌어서 30대부터는 부자인 인생을 살 수도 있다. 적성을 계발해야 자신만의 무기로 다른 사람과 경쟁할 수 있을 것이다. 그 학생들에게는 대학을 가는 것이 인생 전체로 봤을 때는 손해다. 차라리 대학 진학을 못 했다면 일찍부터 자신의 적성을 찾았을 것이다. 초중고 12년의 세월과 대학을 졸업하기까지 4년의 세월, 학자금을 공부가 아닌 어떤 한 가지에 쏟았다면 분명히 성공했을 것이다.

이 학생들은 아무리 잘 가르쳐도 서울대 연고대는 가기 힘든 학생들이다. 하지만 내가 이 학생들을 잘 가르쳐서 겨우 서울 안에 있는 학교에 입학한다고 할지라도 무슨 의미가 있을까? 대학의 과가 적성에 맞는다면 그나마 좋다. 하지만 그 과를 전공했다고 전공을 살리는 일을 할 확률은 30% 미만이다.

공부를 잘해서 성공할 수 있는 직업은 몇 가지 없다. 공무원, 선생님, 사짜 들어가는 몇몇 직업뿐이다. 결국 인생에서 중요한 것은 태도이다. 최선을 다하는 태도만 갖고 있다면, 언젠가 성공하게 되어있기 때문이다.

꿈:

내가 바뀌면 세상이 바뀐다

할까 말까 고민이라면 대신 답을 내주겠다. 해라! 지금 당장! 무조건 해라! 단, 그게 나쁜 일만 아니라면 말이다. 대부분은 해서 손해 보는 것보다 하지 않아서 후회할 일이다. 좋아하는 사람에게 고백하면 거절을 당할지언정 고백을 안 한 것 보다는 낫다. 거절을 당하면 이후에 다른 사람을 마음에 품을 수 있겠지만, 그렇지 않으면 계속 그 사람 때문에 마음 아파해야 하기 때문이다. 고백은 아니더라도 데이트 신청은 지금 당장 해라!

여행 가고 싶으면, 지금 당장 이번 달은 세금 내지 말고 그 돈으로 항공권부터 구매해라. 세금은 다음 달에 몰아서 내면 된다. 교통비, 식비는 여행 가기 전까지 모으면 된다. 돈 모으기를 기다리지 마라. 더 싼 항공권을 기다리지 마라. 계획 세우기를 미루지 마라. 그러면 계속 늦어진다. 평생 못 갈 수도 있다. 가고 싶은 곳이 있으면 항공권 값만 빨리 모아서 항공권부터 구입한다.

72시간의 법칙이란, 어떤 일을 하겠다고 마음 먹은 뒤, 3일 (72시간) 내에 시작하지 않으면 그 일을 시작할 확률이 1% 미만이라는 것이다. 지금 당신의 마음속에 하고 싶은 일이 있을 것이다. 그것을 쓰고 72시간 이내에 시작해라. 아니면 그 일을 이룰 확률은 1% 미만이 될 것이다.

꿈이 없는 것도 문제지만, 더 큰 문제는 실행에 옮기지 않는 것이다. 오늘, 지금 당장 실행에 옮길 수 있는 것들을 옮겨 보자.

하고 싶은 일, 미뤄뒀던 일, 만나고 싶은 사람이 있다면 지금 당장 해보자. 늦은 밤에 10분이라도 좋으니까. 당장 하는 게, 당장 만나는 게 제일 좋다. 그런 걸 부담스럽게 받아줄 사람이 더 많겠지만, 진짜 인연이 라면, 상대방에게 마음이 있었다면 그것은 큰 문제가 안될 것이다. 다만, 술 취하고 전화하면 이상한 사람 되니까 절대 술의 힘을 빌리지는 마라.

지나간 시간은 다시 오지 않는다. 나중에 혹시 기회가 있더라도, 지금의 이 느낌은 아닐 것이다. 가장 행복해질 방법은 지금 당장 하는 것이다.

시작하기에는 늦은 때라고 걱정하면 안 된다. 늦은 때란 존재하지 않는다. 지금 당장 시작해서 꾸준히만 하면, 어떤 언

어도 배울 수 있고, 어떤 악기든 다룰 수 있고, 그림도 잘 그릴 수 있다. 원하는 직업은 어떤 직업이든 가질 수 있다. 다만 하루에 1~2시간씩 하는 게 아니라, 3년간 몰입해야 한다. 그 분야에 진정으로 뜻을 갖고 깊이 몰입해야 한다. 이책을 읽고 있는 사람 중에 3년이 되기 전에 돌아가실 분은아마 없을 것이다.

그래도 못하겠다면, 수십 번 수백 번을 고민하고, 이런저런모든 생각을 해보고, 이성적으로 해야겠다고 판단이 서도,그만한 용기가 나지 않으면, 다시 한번 스스로를 보채본다.
'지금이 아니면 평생 기회가 없을지도 모른다'

시간이 항상 모자란 회장님이 계셨다. 어떤 사람이 시간이 모자르지 않게 하는 비결을 알려드릴 테니, 만약 효과가 있다면, 한 달 뒤에 4천만 원을 달라고 했다.

한달 뒤 그 사람은 4천만 원을 받았다. 그 방법으로 회장님은 시간이 모자란 경우가 거의 없게 됐다. 회장님은 전 직원에게 그 방법으로 업무를 하라고 지시했다.

그 방법은 매일 아침 그날의 가장 중요한 일 3가지를 정하고, 그 3가지 일만 중요 순서대로 하고, 그 일이 끝날 때까지 다른 일은 절대 하지 않는 것이었다.

회사를 그만두고 작가가 되겠다는 꿈을 꾸지만, 글을 쓰지는 않는다. 온종일 일하고 집에 오면 아무것도 하기 싫기 때문이다. 배를 채우고 자기 전까지 TV만 본다. 지친 몸과 마음으로는 어떤 것도 하기 싫다.

<성공하는 사람들의 7가지 습관>으로 유명한 스티븐 코비 박사는 강의에서 이런 실험을 한다. 3개의 바구니에는 각각 큰 돌과 조약돌, 모래가 절반씩 들어있다. 세 바구니를 같은 크기의 빈 바구니 하나에 모두 담는 실험을 한다. 모래를 먼저 부으면 다른 돌을 다 넣을 수 없다. 조약돌을 먼

저 넣으면 큰 돌을 다 넣을 수 없다. 하지만, 큰 돌부터 넣고, 그 다음 조약돌, 그 다음 모래를 넣으면 전부 넣을 수 있다.

돌은 일을 의미하고, 빈 바구니는 자신의 능력을 의미한다. 한 사람의 능력에는 한계가 있어서 모든 일을 다 잘할 수는 없다. 하지만 더 많은 일을 하고 싶다면 중요한 일을 먼저 해야 한다.

노자는 가득 찬 컵은 컵의 기능을 할 수 없다. 들면 넘치기 때문이다라고 했다. 컵의 기능을 하려면 약간은 비어 있어야 한다. 마찬가지로 어떤 일에는 그 일에 필요한 체력 외에 그 일을 시작할 정신적 여유가 필요하다. 작은 일에는 작은 여유분이, 큰일에는 큰 여유분이 필요하다.

작가가 되는 것이 꿈이라면, 책을 쓰는 일을 먼저하고 회사 일을 해야 한다. 영어를 잘하는 게 꿈이면 먼저 영어 공부를 해야 한다. 해외여행이 꿈이라면, 빚 갚는 것보다 먼저 항공권을 사야 한다. 남은 돈으로 빚을 갚고 생계를 위해 시간을 써야 한다.

글을 쓰고 영어공부를 하려면, 한 시간이라도 먼저 일어나서 글을 쓰고, 영어 공부를 한 뒤에 회사를 가야 한다. 회사가 끝나고 나서 하려면 못한다. 물론 회사에서 자리 잡지 못했다면, 당연히 회사 일이 먼저다. 하지만, 회사 일에 큰 어려움이 없고, 회사 일보다 더 하고 싶은 일이 있다면 그 일을 먼저 할 수 있도록 모든 것을 쏟아야 한다. 그러면 여유 시간에 다른 일도 해낼 수 있게 된다.

이 책을 쓰기(중요한 일) 위해 내가 현재 못 하고 있는 것(덜 중요한 일)은, 왼쪽 위의 어금니 치료, 화장실 변기 앉는 부분 교체, 블루투스 스피커의 연결 불가 AS, 옷걸이와 시계를 드릴로 벽에 고정하기, 매일 책상 정리를 하기(대신에 10일에 한 번 정도 몰아서 한다), 이전 책의 마케팅 업무 등이 있다. 책이 출간되고 1주일쯤 뒤에 몰아서 다 할 것이다.

꿈: 내가 바뀌면 세상이 바뀐다

노력을 강요하는 사회가 잘못됐고, 여유를 갖고 현재의 삶을 즐기며 살아가라는 사탕발림은 하고 싶지 않다. 죽을똥 살똥 노력해야 겨우 인간답게 살 수 있다. 내가 나를 몰아가지 않으면, 세상이 나를 몰아간다. 세상이 그렇게 만들어졌다. 노력하고 말고는 자유지만, 그 결과에 대한 책임은 자기 자신이 져야 한다. 회사에서 성과가 낮은 사람을 자르더라도 그것은 본인 책임이다.

하나님께서 아담보고 (모든 남자는) 네 평생에 수고하여야 그 소산을 먹으리라 창세기 3:17라고 하셨다. 당신이 부자든 가난하든 '수고하지도 않는데(적어도 마음으로나마)' 삶을 영위한다는 것은 하나님께서 거짓말을 하셨다는 것인데, 그런 일은 세상에 일어나기 어렵다. 물론 잠깐(수년)은 있을 수 있지만, 평생 놀고 먹으면서도 행복하게 사는 것은 어떤 부자라도 있을 수 없는 일이다.

나는 육체적인 여행을 많이 좋아하지 않는다. 정신적인 여행을 더 선호한다. 집구석에 처박혀 혼자서 책을 읽고, 영화를 보고, 글을 쓰고, 뭔가 세상에 없던 것을 만드는 것이 더 재미있다.

물론, 가끔 여행을 가기도 한다. 새로운 것을 보면 새로운 생각을 하는 데 도움이 된다. 작년에는 새로운 책을 집필하려고 2달간 유럽에 다시 갔었다. 혼자 여행은 태어나서 처음이었는데, 내 여행 스타일은 큰 윤곽(항공권, 숙박, 꼭 가고 싶은 곳)은 치밀하게 계획해놓고 세세한 부분은 그때그때 바꾼다.

스페인에 가면서 꼭 가보고 싶었던 곳 중 하나는 그라나다에 있는 '알람브라 궁전'이다. 가고 싶은 이유는 기타 곡 중에 '알람브라 궁전의 추억'이 있는데, 그 음악과 실제의 궁전이 얼마나 닮았을지 궁금했기 때문이다.

그런데 알람브라 궁전은 몇 달 전에 미리 예약하지 않으면 들어가기 어려운 곳이었다. 이 사실을 그라나다에 도착하기 하루 전에 알았다. 일찍 가면 그래도 들어갈 수 있을 것이라 기대했지만, 일찍 못가고 12시에 도착했다. 이미 입장권은 다 팔리고, 무료입장으로 볼 수 있는 곳만 갈 수 있었다. 오늘 못 보면 평생 못 볼지도 모른다.

사업을 하는 사람들은 끈질기다. 쉽게 포기하지 않는다. 세상에 100%가 어디 있겠는가? 예약은 했지만 못 오는 사람들이 분명히 있을 것이다.

가이드처럼 보이는 사람을 만날 때마다 혹시 남는 표 있냐고 물어봤다. 4번쯤 물어봤을 때, 관광 안내소가 있는데, 시간맞춰 가면 혹시 안 온 사람 표를 살 수도 있을 것이라는 설명을 들었다. 약 2시간을 기다려서 표를 받아냈다. 역시나 안 온 사람이 있었다. 가이드가 함께하는 표라 일반 표의 2~3배의 값이었지만 그래도 좋았다.

그라나다 궁전 내부는 이슬람 양식이었다. '알람브라 궁전의 추억' 음악의 느낌과는 아주 달랐다. 단, 폐허가 된 부분이 한때 아름다웠던 '추억'이라는 점에서는 표현을 잘 했다고 생각했다. 이처럼 끈질기게 최선을 다했기에 '알람브라 궁전'의 내부를 볼 수 있었다.

디자인을 배우면서 컨셉을 잡아내 저서 <1시간에 끝내는 영어발음>과 <두가지 영어>의 표지도 디자인했는데, <1시간에 끝내는 영어발음>을 4시간째 디자인해도 마음에 드는 시안이 나오지 않았다. 디자인 선생님은 1시간이면 보는 책의 표지 만드는데 무슨 4시간이나 붙잡고 있냐고 놀리셨다.

'1시간'이라는 데에 꽂혀서 시계를 이렇게도 써보고 저렇게도 써봤지만, 더는 새로운 시안이 나오지 않았다. 시간이 꽤 흐른 뒤에 '발음'이라는 곳에 초점을 맞추고 새로운 표지 컨셉이 떠올랐다. 어떤 알지 못하는 힘이 그 아이디어를 준 것이 분명하다. 그 전에는 아무리 고민해도 떠오르지 못했던 컨셉이기 때문이다. 이런 일이 한두 번이 아니다 내가 만들어낸 것들의 상당수는 내가 해낼 수 있는 수준이 아니다. 최선을 다했음에도 어떤 벽에 부딪혔을 때, 알 수 없는 힘으로부터 그 벽을 넘을 수 있는 단서를 얻었다.

　　나만 이런 일을 겪은 것은 아니다. 어떤 '성공했다'라고 할만한 사람들은 하나같이 '운'을 이야기했고, 막다른 길에 도착했을 때 '알 수 없는 힘이 나를 도왔다'라고 하는 경우가 정말 많다. 이나모리 가즈오라는 일본 항공사 사장은, 교세라라는 도자기 회사를 할 때 이런 경험을 많이 했다. 자세한 내용은 <왜 일하는가>에 나와있다.

　　나는 그 '알 수 없는 힘'이 하나님의 도움이라고 생각한다. 그 사람이 믿는 사람이든 안 믿는 사람이든, 그 사람을 사랑하는 마음과 최선을 다 한 것에 대한 안쓰러운 마음으로 도와주셨다고 생각한다.

　　왜 꼭 그때 신께서 도와주시냐고 묻는다면, 내 생각에는 자신이 할 수 있는 바를 다 하지 않았는데 신께서 도와주시면 대부분의 사람은 신의 힘이 아니라 내 힘으로 해냈다고 사람이 교만해진다. 막다른 벽에 도달해서야 사람이

겸손해지고, 자신의 힘이 아니라는 것을 인정하기 때문이라고 생각한다.

최고가 되는 것은 자기 뜻대로 되지 않는다. 아무리 아사다 마오가 피겨스케이팅을 열심히 해도 김연아가 될 수는 없는 것이다. 그나마 아사다 마오는 타고난 편이지만, 타고나지 않은 일반 사람들은 10,000시간을 투자한다고 해도 그 분야에서 메달을 따기는 어려울 것이다.

하지만 피겨스케이팅에 대한 사랑이 있다면 김연아보다 나은 코치는 될 수 있을 것이다. 대부분의 코치는 그 일을 잘했던 사람보다는 잘하지 못 했던 사람이 많다. 잘했던 사람들은 본능적으로 그 일을 잘하는 경우가 많다. 그런 사람들이 코치가 되면, 가르칠 때도 답답하기만 하고, 어떻게 바꿔야 고칠 수 있는지는 잘 모르는 경우가 많다.

히딩크 감독이 최고의 축구 감독이 될 수 있었던 것은 선수시절에 잘 못했기 때문이다. 그래서 못하는 선수들이 어떤 부분을 고쳐야 잘 할 수 있는지 알았다. 나 역시 정규과정만으로는 영어를 잘 할 수 없었기에, 어떻게 하면 영어를 잘할 수 있는지 깨닫게 되었고, 강의하고 책을 쓰는 데 큰 도움이 됐다.

모든 것이 하나님으로부터 오지만, 특히나 직업은 신께서 허락하셨기 때문이라고 생각한다. 그리고 그 분야에서 최고가 된 것은 신께서 도와주셨기 때문이다. 선수 시절 자신의 재능이 받쳐주지 않는다고 좌절할 필요는 없다. 신께서 도와주지 않았다고 좌절할 필요는 없다. 자신의 최선을 다하는 태도(일과 고객에 대한 사랑)를 유지한다면, 언젠가 알맞은 때에 신께서는 분명히 도와주실 것이다. 그때는 분명히 최고가 될 수 있다. 신은 공평하시기 때문이다.

최고를 추구하며 최선을 다하면, 최고를 못 만들었을지언정, 그 태도만큼은 인정이 돼서, 더 큰상을 주신다. 신께서는 최고를 만들어 내는 것보다 최선을 다하는 것을 더 중요하게 생각하신다. 최고의 것을 만들어낸다고 할지라도, 만드는 행위에 즐거움도 못 느끼고, 발전도 없고, 단지 돈이 목적이라면, 어느 순간 그 일을 행복해하며 만드는 누군가에게 그 일을 빼앗기게 된다.

성공하는 것은 최선을 다하는 태도이다. 크게 보면 돈을 벌기 위해, 직업을 얻기 위해, 결혼하기 위해, 꿈을 이루기 위해서 등이 있다. 작게 보면 오늘 학교 숙제, 집 안 청소, 설거지, 아이 돌보기, 체력관리하기 등, 모든 것을 진지

한 태도로 최선을 다하면, 다음 단계로 나아갈 수 있다.

최선을 다한다는 것은 이게 끝이라고 생각하는 순간에서 딱 한걸음만 더 나아가는 것이다. 예수님은 주로 유태인들에게 기적을 베풀고 전도를 하셨다. 수로보니게 여자가 자신의 딸의 귀신을 쫓아내달라고 했을 때, 자녀에 떡을 개에게 던지는 게 옳지 않다며, 그 여자를 '개'에 비유하셨다. 보통 사람 같으면 기분 나빠서 그냥 돌아갈 법한데, 그 여자는 개들도 주인이 먹다가 흘린 부스러기를 먹는다고 대답하자 예수께서 그 아이를 치료해주신다.

중풍병 때문에 앓았던 사람의 친구들도 사람들이 너무 많아 예수님께 데리고 갈 수 없었다. 보통 사람들 같으면 거기서 기다리거나 포기했을텐데, 지붕을 뜯어서까지 친구를 데리고 가자 치료를 받을 수 있게 된다.

이처럼 마지막이라고 생각했을 때조차 딱 한걸음만 더 가는 것이 '최선을 다하는 것'이다. 간절히 원하는 것이 있다면, 남들이 뻔하게 하는 정도보다 한 걸음만 더 노력하자. 더 이상 아이디어가 나오지 않을 때, 딱 한 아이디어만 더 내자. 더 이상 지원할 기업이 없다고 생각될 때에도 딱 한 곳만 더 넣자.

그러면 분명히 받을 수 있을 것이다. 똑같이 노력했는데 어떤 사람은 받고 어떤 사람은 못 받으면 불공평한 것이다. 하지만 남들과 달리 특이한 것을 더 했다면, 그것으로써 그 사람이 받아도 불공평한 것이 아니다.

할 수 있는 바를 다 했는데도 안됐다면, 이후에는 하나님께서 도와주실 것이다. 만약 최선을 다해 열심히 하는데도 잘 안 되고 있다면, 나중에 더 크게 잘되기 위해서 시련을 주신 것이다. 아니면, 그 분야에서는 실패할지라도, 자신을 더 행복하게 만드는 다른 분야에서 크게 성공할 것이다.

꿈:
내
가
바
뀌
면
세
상
이
바
뀐
다

아버지께서는 전자공학과를 나오고 간판사업으로 빚을 많이 진 이후에, 다시 빚으로 오락실을 시작하셨다. 오락실을 할 때 어머니께서는 피아노 미술 학원을 하셔서 맞벌이로 돈을 꽤 모을 수 있었다. 집도 샀다.

당시 한국은 고도의 성장을 유지할 때라 은행 이자도 10%가 넘었다. 무슨 일을 해도, 노력하면 먹고는 살 수 있는 시대였다. 물론 현재도 먹고는 살 수 있지만, 빈부의 격차가 커서 상대적 박탈감이 큰 세대이다.

오락실을 그만두시고, 한동안 직업이 없었던 아버지는 학원 사업을 시작했다. 어머니 피아노 학원에 작게 하기도 하고, 다른 사람이 하던 학원을 받아서 하기도 했다. 계속 일정이상 수입이 안 되자 학원 사업을 접고 장사를 시작했다.

처음에는 밤을 팔았다. 작은 트럭을 개조해서 길에서 팔다 보니 단속을 당했다. 그래서 서울 시내, 경기도 먼 곳까지 장터가 열릴 때마다 일정 금액을 내고 장사를 했다. 그런데, 밤은 겨울에만 팔리고 여름에는 팔리지 않자 품목을 옥수수로 바꿨다. 옥수수 양이 많아져서 도매로 떼서 온라인으로도 판매를 시작했다. 가격 경쟁이 심해서 마진이 거의 없이 싸게 팔아야 했고, 마지막엔 세금만 폭탄으로 받고 사업을 접어야 했다.

이번에는 시장에서 호떡을 팔았다. 호떡 역시 겨울에만 팔리고 여름에는 잘 팔리지 않는다. 그래서 호떡과 비슷한 빈대떡으로 바꿨다. 빈대떡은 재료를 받아서 팔았는데, 몇 년 지나니 재룟값을 올린다고 했다. 그렇게 건지는 수입으로는 월세도 내기 힘들었다.

다시 사업을 바꿔야 하나 고민하다가 직접 빈대떡 반죽을 만들기로 했다. 재료를 직접 사서 하니 수익이 많이 났다. 다만 맛이 문제였는데, 한국에서 제일 뛰어난 빈대떡을 만들기 위해 하루 3~4시간씩 7년을 연구했다. 그 맛을 위해 나도 도왔었다. 현재도 수유시장에서 빈대떡 장사(010-6270-0304)를 하고 계신다.

만약 호떡 사업이 잘됐다면 빈대떡은 만들지 않았을 것이다. 빈대떡 재룟값을 올리지 않았다면, 직접 빈대떡 반죽을 만들지 않았을 것이다. 위기는 기회이다. 인생이란 어차피 실패의 연속일 수밖에 없다. 다만 포기하지 않고, 최선을 다하는 태도를 유지하면 어느 순간에는 성공하게 된다. 사업에 대한 자세한 이야기는 이 책의 후반부(p.248)에서 계속한다.

꿈: 내가 바뀌면 세상이 바뀐다

곧 영화가 시작하는데 소변이 마려워 화장실에 왔다. 화장실 문을 두드렸는데 아무 소리도 들리지 않는다. 소변을 참고 20분을 기다렸다. 세게 밀어도 열리지 않았다. 발로 세게 차보니 발만 아팠다. 답답한 마음에 문을 흔들어보니 조금 움직이는 것 같았다. 조금 더 흔들자 문이 옆으로 미끄러졌다. 알고보니 여닫이가 아니라 미닫이문이였다.

미닫이문인 것을 빨리 눈치채지 못한 스스로가 한심했다. 못본 영화 20분이 아깝고, 주인 잘못 만난 발이 불쌍했다. 하지만 20분을 기다리지 않았다면, 발로 차보지 않았다면, 문을 흔들 생각은 하지 못했을 것이다. 앞의 실패가 있었기에 새로운 시도가 가능했던 것이다.

이처럼 새로운 일을 할 때 실패는 꼭 따라온다. 실패를 경험 삼아 다른 방식으로 접근하면 결국 해결책을 찾을 수 있다. 하지만 실패에 좌절하고, 더 해볼 생각을 안 한다면 실패로써 끝날 뿐이다. 포기하기 전까지 실패는 실패가 아니다, 성공으로 가는 과정일 뿐이다. 포기했더라도 의미 없는 일은 아니다. 분명 다른 일에서 성공으로 가는 밑거름이 됐을 것이다.

나폴레온 힐은 말했다. 모든 역경이나 장애는 그 안에 그만큼의 또는 그보다 더 큰 기회나 이익의 가능성을 품고 있다. 모든 역경과 장애는 신께서 그 사람이 잘됐으면 해서 주시는 선물이다. 작은 문제로 깨달음을 얻지 못한다면 더 큰 문제를 주신다. 물론 그 문제에 빠지는 것은 하나님께서 빠트리시는 것이 아니라, 스스로의 욕심이나 스스로의 문제 때문에 빠지게 된다.

스티브 잡스 역시 자신이 학교를 중퇴하고, 애플에서 잘렸던 일이 자기 생애 최고로 잘된 일이라고 했다. 지나서 보면 모든 일은 나름의 의미가 있다. 그 실패의 과정이 꼭 필요했다. 다만 그 일을 겪을 때는 알 수 없을 뿐이다. 좀 더 편하게 실패를 견딜 수 있게 해주는 것이 공평에 대한 이해(p.198)이다.

성경적인 관점에서 본다면, 삶에서 중요한 것은 힘든 상황에서도 자신의 양심과 원칙을 지키는 것이지 조금 더 성공하고 덜 성공하는 것이 아니다. 옳은 삶을 살다 보면 다른 것들은 따라오는 것이다. 옳은 삶을 사는 사람들은 먹을 것, 입을 것 때문에 걱정하지 말라(그의 나라와 그의 의를 구하면 이 모든것을 너희에게 더하시리라 마태복음 6:33)고 하셨다.

꿈: 내가 바뀌면 세상이 바뀐다

20대 중반에 아프기 전까지 운동은 쓸모없다고 생각했다. 세상에서 제일 아까운 게 먹는 것과 운동하는 것이었다. 먹는 것은 어차피 똥으로 나오니까 배만 채우면 됐고, 운동은 쓸데없는데 체력을 낭비하는 것으로 생각했다. 그때까지 나에게는 책과 음반을 사는 일만 유일하게 아깝지 않다고 느꼈다.

　　20대 중반에 결핵과 기흉을 심하게 앓고 난 뒤에는 생각이 달라졌다. 왼쪽 폐의 1/3은 흉터가 남았고, 오른쪽 폐의 상단 부분은 잘라냈다. 폐활량은 일반인의 절반 정도로 군대를 면제받았다. 조금 더 숨을 편하게 쉬고 싶어서 수영을 시작했다. 2004년부터 지금까지 일주일에 2~3회는 항상 수영을 해오고 있다. 수영을 그만두면 숨쉬기도 조금 힘들고, 삶에 의욕도 떨어진다. 정 바쁘면 가끔 못할 때도 있지만, 몸이 피로하고 아픈 것을 생각하면 운동하는 게 오히려 시간을 버는 길이다.

운동을 시작하면 처음 한두 달은 오히려 몸이 더 힘들다. 그런데 습관이 되고 나면 기운이 나고 열정이 생긴다. 한번 운동하면 2~3일은 그 기운과 열정이 유지된다. 그래서 1회에 적어도 30분 이상, 1주일에 2번 이상은 필수로 해야 한다. 회사에 다니지 않거나, 혼자 공부 중이라면 더욱더 운동해야 한다. 아니면 나쁜 감정이 계속 떠오르고, 무엇을 시작할 의욕이 잘 나지 않는다. 운동을 다닐 시간이 없다면 일주일에 3회 이상 5분 정도 팔굽혀펴기는 꼭 해보자.

음식도 되도록 건강한 음식을 먹으려고 한다. 밥에 현미를 꼭 섞어서 먹고, 사과는 베이킹파우더로 씻어서 껍질째 먹는다. 물과 채소를 많이 먹으려고 한다. 채소를 꾸준히 먹으면 아침에 일어나자마자 정신이 맑고 기운이 난다. 확실히 좀 더 일할 수 있다. 모둠 쌈 채소(상추, 적상추, 케일 등), 파프리카, 셀러리 등을 식빵에 넣어 먹거나, 아니면 밥이나 빵 먹을 때 그냥 생으로 먹는다. 발사믹과 올리브 오일을 섞어 샐러드에 뿌려 먹기도 한다.

운동 외에 건강을 위해 하는 것들: 담배 안 함, 술은 한달에 한 번 정도 500mL 한 잔, 야채와 물 많이 마시려고 하기, 매일 150mL정도 요거트 먹기, 치즈 한 장 먹기, Solga VM75 비타민 먹기(채식주의자용인 데다가, 미네랄이 풍부하고,

한 알에 백원꼴로 싸서), 양치질 하루 2회 이상 하기, 자기 전에는 꼭 치실하기, 토요일(안식일)에는 꼭 쉬기, 성경대로 음식 가려먹기(돼지고기, 게, 피 등을 먹지 않는다), 평균 10시~11시 늦어도 12시에는 누워서 7시간 이상 수면하기 등 이다.

정신 건강을 위해 하는 것들: 하루 8시간 이상 즐기며 일하기. 일하다가 지치면 웹툰 15분 보기, 일주일에 영화 두 편 보기, 일주일에 30분 넘게 2회 이상 책 읽기.

건강을 위해 하고 싶지만 못하고 있는 것들: 운동 안하는 날 5분 팔굽혀 펴기와 철봉 매달리기, 걷거나 컴퓨터 사용할 때 허리 피고 바른자세하기, 칼슘 따로 섭취하기.

책을 추천받으면 웬만하면 읽었다. 중학생 때는 가야금 선생님께서 감명 깊게 읽은 <성공하는 사람들의 7가지 습관>을 읽어봤다. 그 때 당시에는 뻔한 이야기를 뻔하게 써놨네라고 생각했다.

하지만 20대 후반에 그 책을 다시 읽었을 때는 감명 깊었다. 전혀 다르게 다가왔다. 오랜 경험을 통해서만 그런 말을 할 수 있다는 것을 알게 됐다. 특히 인상적인 부분은 '시간 관리'와 '원칙에 대한 내용'이었다.

어두운 밤에 전함이 항해하는데 멀리서 불빛 하나가 다가오는 것이 보였다. 무전을 보내 전함이라 항로를 바꾸기 어려우니 피해 가달라고 하니, 그 불빛은 피할 수 없다고 응답했다. 작은 배가 피해갈 수 없다고 하니 괘씸했다. 그래서 충돌하면 당신의 배가 파괴될 것이다라고 하자, 그 작은 불빛은 저희는 배가 아니라 등대입니다라고 했다.

삶에서 원칙이란 등대와 같다. 등대는 움직일 수 없다. 파괴할 수 없다. 그리고 등대가 없으면 어떤 방향으로 가야 할 지 알 수 없다.

원칙이 사라지면 삶은 방황하게 되고, 큰일을 해내기

꿈: 내가 바뀌면 세상이 바뀐다

어렵게 된다. 시간에서의 원칙, 어떤 것을 우선순위에 둘 것인지, 윤리에서의 원칙, 일에서의 원칙 등 자신만의 원칙이 필요하다. 나는 원칙주의자에 고지식하게 그런 것들을 지키는 편이다. 원칙이 없더라도 자신만의 소신은 있어야 한다. 없으면 이런 말과 저런 상황에 흔들리게 되고, 흔들리다 보면 침몰하게 된다.

나는 습관적으로 남을 비판하곤 했다. 내가 만든 것들이 더 나은데, 내가 보기에 나보다 못한 것들이 더 인정을 받으면 더 비판하고 힘들어했던 것 같다.

예수께서는 말씀하셨다. 비판을 받지 아니하려거든 비판하지 말라 너희가 비판하는 그 비판으로 너희가 비판을 받을 것이요 너희가 헤아리는 그 헤아림으로 너희가 헤아림을 받을 것이니라 마태복음 7:1

뛰어난 사람일수록 비판을 많이 한다. 한국인이 가장 사랑하는 미술가인 고흐는 당대에 무척 가난하게 살았다. 왜 인정을 못 받는지를 성경에 비춰보면, 다른 미술가들에 대한 비판을 많이 했고, 창녀들과의 관계가 많았기 때문이라고 생각한다.

부처님께서는 이렇게 말씀하셨다. 사람이 이 세상에 태어나면 입안에 도끼가 함께 생긴다. 그것을 잘 간수하지 않으면 도리어 제 몸을 찍나니 그것은 세 치 혀를 잘못 놀리기 때문이다.

예수께서도 입으로 들어가는 것이 사람을 더럽게 하는 것이 아니라 입에서 나오는 그것이 사람을 더럽게 하는

것이다라고 하셨다. 마태복음 15:11

남을 비판한다고 내가 그 사람보다 위에 있게 되는 것은 아니다. 혹시라도 그 사람을 기분 나쁘게 한다면, 공평의 법에 따라 그만큼 내 기분만 나빠지게 될 뿐이다.

비판은 안 할수록 좋다. 이 책의 글에서도 비판은 하고 싶지 않은데, 더 큰 선을 위해서 되도록 대상을 밝히지 않고 가끔 비판하고 있다.

지나간 일에 대한 비판은 그만하고, 미래에 관해 이야기 해야 한다. 실패하는 사람들은 항상 과거 이야기만 한다. 지나간 일은 바꿀 수 없다. 그리고 미래로 가기 바쁜 사람은 과거 이야기를 할 여유도 없다.

감사하라

사람은 90% 이상 감정의 동물이다. 아무리 옳은 말도 자신을 비판하면 일단 방어적으로 변한다. 그리고 세상은 모든 것이 경쟁이기 때문에, 경쟁에서 질 때마다 나는 해도 안돼라는 생각이 가득하게 된다. 그때부터는 좋은 생각이 떠올라도 실행에 옮기지 않고, 어떤 점 때문에 그 일이 실패하게될 것인지를 더 많이 생각한다. 그런 자기 비하가 초등학교 때부터 쌓인 것이기 때문에 바꾸기가 어렵다.

하지만 어떤 삶도 성공만 있을 수는 없다. 바보 같은 생각일지언정 시도를 하면 교훈을 얻고 다음번에는 성공할 수 있는데, 아예 시도하지 않으면 평생 성공할 수 없다. 시도할 수 있게 하는 것이 감정이다.

아침에 크게 부부싸움을 하거나, 상관에게 혼쭐이 난 뒤에는 몇 시간 동안 아무것도 생각하기 싫어진다. 사람은 감정의 동물이기 때문이다. 반면에, 월급이 들어왔거나, 합격 소식을 들었다면, 뭔가 더 하고 싶은 의욕이 샘솟는다.

감정은 생각이 되고, 생각은 말이 된다. 그리고 말은 행동에 영향을 미친다. 바로 생각이나 행동을 바꿀 수 있다면 좋겠지만, 생각이나 행동은 바꾸기 어렵다. 감정이나 말을 바꾸는 게 훨씬 쉽다.

나쁜 일에 대한 감정은 최대한 줄이고, 긍정적인 감정을 키워 나가려고 의도적으로 노력해야 한다. 나쁜 사건과 뉴스는 가능한 한 보지 말고, 좋은 글을 읽고 생각하려고 노력해야 한다.

긍정적인 감정에서 가장 중요한 것이 '감사'이다. 감사한 마음을 느끼면서 동시에 화를 내기란 쉽지 않다. 고객이 자신을 먹여 살린다고 생각하며 고객에게 감사하는데 고객의 요구에 남일처럼 반응할 수는 없다.

예수님이 문둥병을 앓은 10명을 치료했을 때, 감사하다는 말을 전한 사람은 단 한 명 뿐이었다. 예수님이 감사하다는 말을 들으려고 치료해준 것은 아니지만, 최소한의 예의조차도 보이지 않는 부분에 대해서는 좋지 않으셨을 것이다.

좋은 면을 보면 끝없이 더 좋게 바뀌는데, 나쁜 면을 보고 나쁜 생각을 하면 나쁘게 변한다. 사람들은 쉽게 얻은 것은 감사하지 못하는 경우가 많다. 어느 순간 부모님께 받은 사랑이 당연해지고, 배우자의 희생이 당연해지고, 자신이 가진 신체가 당연해지고, 하루하루의 시간이 당연해진다.

당연해진 순간부터 자신이 가지지 못한 것에 불만을

느낀다. 더 많은 것을 못 해주는 부모님께 불만이고, 더 좋은 집에 못 사는 게 불만이고, 더 건강한 신체를 못 가져서 불만이다. 감사하지 못하는 삶은 점점 더 불행해질 수밖에 없다. 불행해져야 과거의 삶이 감사했던 것이라고 혹시라도 깨달을 수 있기 때문이다.

옛날엔 멀리 가려면 말을 타야 했는데, 지금은 편하게 버스와 지하철을 이용할 수 있다(도로 정체 때문에 버스 평균속도(15km/h)가 말의 속도(40km/h)보다 느리다.) 따뜻한 방을 만들려면 불을 피워야 했는데, 이제는 보일러를 틀면 된다. 뜨거운 물과 시원한 바람, 시원한 음식도 쉽게 이용할 수 있다. 원하면 언제든 저렴한 가격에 전화하고 편지를 보낼 수 있다. 유통의 발달로 열대 과일도 쉽게 맛볼 수 있고, 야채와 고기를 사서 다지고 지지고 힘들게 만들 햄버거도 3천 원~5천 원이면 살 수 있다. 치킨 역시 염지를 하고, 기름을 달구고 튀기려면 2시간은 걸릴 텐데, 요새는 전화 한통이면 저렴한 가격에 그 노고를 대신해준다.

대신 음식을 만들고, 물건을 대신 만들고, 대신 운전해주고, 대신 배달 해주고, 대신 제도를 만들고, 대신 자녀를 가르치고 등. 모든 것들을 다 대신해주는 편리한 세상이다.

감사할 것 천지다.

만약 하루만 물과 보일러를 못 쓴다고 하면, 얼마나 그 물과 보일러가 소중했는지 깨닫게 될 것이다. 그 가격이 높고 낮음은 다른 문제이다. 그것이 존재하기 때문에 더 편리하고 행복한 삶을 누릴 수 있다는 것이 중요하다.

73억 세계의 인구 중 8억 명은 굶주림에 시달리고 있고, 하루에 10만 명이 굶어 죽는다. 그런데 한국에서는 얼마나 좋은 음식을 먹는지의 차이는 있겠지만 돈 없어서 못 먹는 사람은 찾기 힘들다.

직원이 2명이 있는데, 한 직원은 작은 복지에도 감사하고 즐겁게 생활하는 반면, 다른 직원은 더 많은 복지를 주장하며 항상 기분 나쁜 표정으로 있다고 하자. 만약 회사 사정이 나빠져서 한 명을 잘라야 한다면 누구를 자르게 될지는 뻔하다. 그 기분 나쁜 직원이 일을 월등히 잘하지 않는 이상은 말이다.

하나님께 감사드린다. 매일 내가 쓸 수 있는 시간을 주시고, 깨달음을 주셔서 감사드린다. 눈 2개, 손가락 10개, 코와 귀도 온전하게 있다는 것이 감사하다. 자식들을 주시고, 아내를 주시고, 직업을 주시고, 돈을 벌 능력을 주시고,

사람들을 통해 돈을 벌게 해주신다. 인간이 다른 동물보다 뭐가 잘났다고, 죄 없는 닭과 소를 잡아먹게 허락해주신데에 감사드린다.

꿈: 내가 바뀌면 세상이 바뀐다

사람들은 초등학생 때부터 사회에 나가서까지 끊임없이 비교한다. 수십 년간 비교하는 것이 습관화됐기 때문에, 본능적으로 사람들은 비교한다. 경쟁을 통해서 순위를 매기고, 그 논리로 사회가 돌아가기 때문이다. 비교하다 보면 욕심이 나고, 욕심이 나면 만족할 수 없다.

아무리 경쟁 사회라 하더라도 만족에 있어서는 내 안을 들여봐야 한다. 남을 보면 행복할 수 없기 때문이다. 남들하는 게 멋있어 보여서 따라가면 끝이 없다. 계속 방황해야 한다. 행복의 기준이 남이 되면 힘들어진다.

남들에게 멋있는 모습을 보이려고 할수록 스스로는 더 힘들어진다. 이것은 자신이 진정으로 좋아하는 게 아니라 남에게 인정받고 싶은 것이다. 물론 인정받고 싶은 것은 사람의 본능이다. 하지만 자신의 행복을 남이 좌지우지하게 놔두는 것은 위험하다. 비교하지 말자. 남이 뭐라고 하든, 남이 어떻게 생각하든 내 생각이 중요한 것이다. 남의 눈치를 보면 평생 만족이란 없다.

사업이란 남이 좋아하는 가치를 제공하는 것이다. 먼저 내가 좋아하는 것이 뭔지 모르면서, 남이 좋아하는 것을 알아낼 수는 없다. 내가 스스로 인정할 수 있고, 멋있게 생각하는 것을 찾아야 한다. 남들이 보기엔 말도 안 되는 사소한 것일지라도 나만 좋으면 된다.

앞서 말한 것처럼 스스로 원칙과 기준을 정해야 한다. 그리고 그 기준이 과하게 상승하지 않도록 노력하며, 현재에 만족할 줄 아는 사람이 돼야 한다.

십계명중 마지막 계명은 남의 것을 탐내지 마라이다. 6계명인 도적질 하지 마라 역시 남의 것을 탐냈기 때문에 도적질하는 것으로서 비슷한 계명이 중복되는 것 같이 생각된다. 하지만 도적질은 행위에 대한 것이고, 탐내는 것은 감정에 대한 것으로 다르다. 즉 '욕심'에 대한 것이다.

예수께서는 욕심이 잉태한즉 죄를 낳고, 죄가 장성한즉 사망을 낳느니라고 하셨다. 대부분의 죄가 '욕심'에서 시작돼서 실행에 옮겨지는 것을 봤을 때, 마음으로부터 스스로를 지켜야 한다는 뜻으로 보여진다.

세상이 악하다 보니, 나쁜 방법으로 부를 축적한 사람들이 많다. 그런 사람들을 보면 나쁜 일을 해서라도 편하게 살고 싶은 충동이 일기도 한다. 하지만 악한 사람이 가진 재물조차도 하나님께서 허락하셨기 때문에 갖게 된 것이다. 세례 요한이 제자들에게 하늘에서 주신 바가 아니면 아무것도 받을 수가 없느니라 요한복음 3:27 라고 하신다. 그러므로 잘못된 제물이라고 잘못된 방법으로 뺏는 것은 하나님의 뜻에 반하는 것일 수도 있다.

혹시 잘못된 재물이라도, 그것을 포기할 수 없다면 기부라도 하는 것이 좋다. 내가 너희에게 말하노니 불의의 재물로 친구를 사귀라 그리하면 그 재물이 없어질 때에 그들이 너희를 영주할 처소로 영접하리라 누가복음 16:9 👑

돈의 그릇

돈

돈: 돈의 그릇

7살 때부터 용돈을 받았는데, 처음에는 매일 받다가, 익숙해진 뒤에는 일주일에 한 번, 나중에는 한 달에 한 번 받았다. 학교 준비물 등 꼭 필요한 것은 따로 돈을 받았지만, 그 외에는 용돈에서 충당해야 했다. 아껴 쓰는 것과 적은 돈이라도 모으는 것은 습관이 됐다.

14살, 중학생 때 일주일 용돈은 오천 원이었다. 학교 수업은 7교시 정도였는데, 2교시 끝나고 배고플 때 매점에서 초코파이와 우유를 사 먹는 것 말고는 돈 쓸 일이 없었다. 음반과 책 사는 데에 돈을 아끼지 않았지만, 그래도 오히려 돈이 남았다. 고시원 생활을 할 때도 밥값으로 5만 원을 주면, 3만 원 이상이 남았다.

중학교를 졸업하고는 부모님 모두 일을 그만둬서 가정 형편도 좋지 않았고, 따로 돈 쓸 일도 없었기에 돈을 받지 않았다. 심지어 가야금을 중고로 15만 원을 받고 팔았다. 잘못 먹으면 걸리는 병이라는 결핵에도 걸렸다. 고3 때는 학교 대신 재수학원에 다녔는데, 하루 중 한끼는 도시락을 먹었고 다른 한끼는 컵라면으로 때웠다.

초등학교 고학년 때 삐삐가 처음 나왔었고, 나중에는 정해진 장소에서 쓸 수 있는 시티폰도 있었다. (참고로, 의료 업계에서는 안전상의 이유로 아직도 삐삐를 쓴다고 한다.) 삐삐와 시티폰은 갖고 싶었는데 가질 수 없었고, 19살 때 3만원 짜리 휴대폰이 나와서 삼촌을 졸라서 샀다.

부모님께서는 성인이 되면 금전적 지원을 하지 않겠다고 하셔서, 대학교를 들어가면서 교통비도 제대로 주지 않으셨다. 할 줄 아는 것은 음악뿐이라 컴퓨터 음악 교습을 했는데, 열심히 가르치지 않아서 결국 그만뒀다.

컴퓨터를 잘 다루고, 알바하면서 컴퓨터를 할 수 있을 것 같아서, 이후에 피시방 알바를 4번 정도 했는데, 그때 시급으로 2천원 정도를 받았다. 폐가 안 좋은데 담배 연기 가득한 곳에서 오랜 시간 일하다 보니 건강은 망가지고, 두 번은 알바비를 떼 먹혀서 절반 밖에 못 받았다.

한번은 알바가 끝나고 집에 오는데 뛰기가 힘들어서 보니 기흉이었다. 기흉으로 작은 수술을 2번, 큰 수술을 1번 했다. 몸이 안 좋아지면 다시 폐를 압박하는 어떤 큰 고통 때문에 자신 있게 어떤 일을 하기도 어려웠다. 괜히 무리해서 움직였다가 다시 병원에 가야 할 수 있다는 불안감도 있었다.

돈: 돈의 그릇

아르바이트를 할 때에는, 돈보다는 경험을 중요시하는 게 좋다. 알바로 큰 돈을 벌기는 어렵다. 다만 자신의 적성이 그 일에 맞는지 알아보기에는 좋다. 그리고 건강에 해로운 일이나, 몸을 파는 행위는 절대 하지 말아야 한다. 결국은 그 이상으로 자신에게 돌아오기 때문이다.

입학 장학금 말고 2번 더 장학금을 탔다. 그것으로 학비 충당이 안 되기 때문에 8번 학비를 빌렸고(학교를 1년 더 다녔다), 그 금액은 2500만 원이 넘었다. 당시의 이율로 7%였는데, 2500만 원의 7%면 175만원이고, 한달에 내야 될 돈이 이자만 15만 원 가량 됐다. 그 금액은 부모님께서 내주셨었다.

아파서 2년을 휴학했는데, 대학교 3학년 때는 원금을 내야 한다는 연락이 왔다. 아직 졸업하지 않은 상태라고 말해도 은행에서는 원금을 내야 한다고 했고, 학자금 원금과 휴대폰 요금을 못 내서 3개월 만에 신용불량자가 됐다. 은행 한 곳에서의 문제가 모든 은행의 입출금을 막기 때문에 은행 거래도 어려워졌다.

졸업한 이후에 버는 돈이 졸업하기 전보다 훨씬 많고, 학자금이야 어쩔 수 없으니까 빌리지만, 돈을 빌리는 것은 되도록 피해야 한다. 빌린 돈을 쓰는 사람은 그 돈을 얻기까지의 노력이 적기에 쉽게 쓰게 된다. 게다가 삶의 수준은 자신의 월급에 맞춰 살기 때문에 결국 빚의 덫에 빠져 평생 이자만 갚게 될 확률이 높다.

신용카드를 쓰는 것도 좋지 않다. 체크카드는 돈을 쓰는 즉시 나가기 때문에 얼마만큼 어디에 썼는지 쉽게 알 수 있지만, 신용카드는 한 달 뒤에 청구되거나 나눠서 청구되기 때문에 어떻게 썼는지 스스로 인지하기 어렵다. 인지가 안 되는 돈은 관리할 수 없다.

　　독한 마음 먹고 월급을 타면 무조건 일정 금액을 빚을 갚고 나머지로 원금을 상환하면 되지만, 어떤 대출은 일시 상환만 되는 계약도 있는 데다가, 매번 은행에 연락해서 원금을 상환하기도 쉽지 않다. 여윳돈으로 저금을 해서 빚을 갚기는 더 어렵다. 사람은 돈이 생기면 본능적으로 어떻게 쓸까를 생각하게 된다. 이런저런 이유로 빚을 갚기는 쉽지 않다. 빚은 되도록 안 지는 것이 답이다.

대학 비용은 8920만 원

지금 학비 평균은 약 600만 원 정도이다. 2학기니까 1200만 원, 4년이니까 4800만 원이다. 하지만 4800만 원이 다가 아니다. 입학금, 학생회비, 교잿값 등을 더하면 5000만 원은 된다.

게다가 4년간 일을 못 하고 쓰는 시간이 20학점(1주일에 20시간)이면 한 달이면 80시간, 8개월(방학 4개월 제외)이면 640시간이다. 공부하는 시간만 최저 임금으로 따지면 470만 4000원인데, 웬만하면 500~600만 원은 벌 수 있다. 1년에 버는 돈을 500만 원으로 잡으면 4년이니 2000만 원이다. 게다가 대학생 평균 생활비 40만 원씩 12개월이면 480만 원. 4년이면 1920만 원이다. 총 5000+2000+1920=8920만 원. 자격증 학원을 다니거나, 어학연수, 유학 등을 다녀오는 시간과 돈을 합치면 1억~2억이 든다.

대학교만 봐서 그렇지, 중고등학교 시절까지 하면 그 돈은 더 커진다. 초등학교야 삶을 위한 교양이라면, 중고등학교의 공부는 사실상 대학 진학을 위한 공부인데, 대학교 진학을 하지 않는다면 배울 필요가 없다. 남들이 가는 길을 가고 있어서 주는 '안정감'을 제외하고는 그 시간과 돈이 아깝다.

대학교 입학하기 전에 '8920만 원을 현금으로 받을래, 아니면 대학을 진학할래?'라고 물으면 쉽게 답하기 어려울 것이다. 중학교에 입학하기 전에 '2억을 받을래? 아니면 6년간 공부해서 대학교를 졸업할래?'라고 물으면 역시 대답하기 어려울 것이다. 100만 원을 1억으로 불리기는 정말 어렵지만, 1억을 10억으로 불리기는 쉽다. 1억이 10% 복리로 7년이면 10억이 된다.

그리고 10억이 있으면 (물론 생활 수준에 따라 다르지만), 연 5%일 때 5000만 원으로, 매달 416만원을 받으며 삶을 영위할 수 있다.

물론 자신이 하고 싶은 게 명확히 없다면, 그 시간을 연장하는 방안으로 대학도 좋다. 하지만, 하고 싶은 게 있다면 9천만 원으로 큰 사업은 힘들어도 웬만한 사업은 할 수 있다. 그렇다고 그 돈으로 사업을 하란 말은 아니다. 경험 없이 큰돈으로 시작한 사업은 대부분 망한다. 그 돈에서 500만 원~천만 원 정도로 사업을 하는 것이 좋다.

대학을 졸업해도 취업이 100% 보장되어 있지 않다. 취업한다 해도 40대 중반 이후에도 계속하기는 어렵다. 100명 중

한 명꼴로 임원이 되는데, 임원이 되는 사람들 대부분은 자신이나 가족보다도 회사를 먼저 생각한다. 삶은 넉넉해졌을지언정, 행복도는 낮은 경우가 많다.

대부분의 대학교 수업은 학문을 위한 학문이지 실제 직업에서 써먹을 수는 없다. 한 분야를 깊게 배우기보다 넓은 분야를 얕게 배운다. 자신이 관심이 있는 분야를 찾아내고, 깊이 있는 공부를 위한 발판은 마련할 수 있지만, 그 수업만으로 뭔가를 이룰 수는 없다. 학교에서 내주는 과제에 능동적으로 일만 시간을 채운다면 대학 생활에서도 뭔가 이룰 수도 있다.

개인적으로 좋아하는 작가 '간다 마사노리'는 하버드 MBA(경영학 석사)를 나왔는데, MBA에서 배운 것이 실제 사업에서는 전혀 쓸모가 없었다고 했다. 그 이유는 대학에서는 이미 만들어진 사업을 분석하고 관리하는 것만 가르치지 새로운 사업을 이루는 방법은 가르치지 않기 때문이라고 했다.

작곡과 역시 마찬가지이다. 이미 만들어진 음악을 분석하는 방법을 가르치지, 새로운 음악을 만들어 내는 방법을 구체적으로 가르치지는 않는다. 분석한 방법대로 머리를 써서 곡을 만들면 들을 만은 한데 전혀 감동이 없다.

그냥 들을만한 수준으로 만드는 것도 오랜 기간 걸려야 가능하다. 자신이 배운 것을 깨고 자유롭게 음악을 만들 수 있는 수준이 되기까지는 대학 졸업 후 10년 가까이 걸리는 경우가 많다. 그래서 실제 활동하는 작곡가 중 70%는 비전공자이고, 화성학도 제대로 모르는 사람들이 많다. 그런데도 이들이 만드는 음악이 더 인기가 있는 것은 더 느끼기 쉬운 음악이기 때문이다. 그렇다면 작곡과를 갈 시간에 스스로 음악을 더 만들거나 개인레슨을 받는 게 더 저렴하지는 않을까?

영문과 역시 영어를 폭넓게 보는 법을 가르치기는 한다. 하지만 영어를 잘할 수 있게 하지는 않는다. 영문과를 졸업했어도 영어회화를 못 하는 사람이 정말 많다.

결혼한지 3개월. 아내는 임신했고, 생활비를 벌어야만 했다. 풀타임 강사를 뛰거나 기업에 소속되면 당장은 먹고 살만 하겠지만, 집을 사거나 하고 싶은 것을 할 돈을 벌기는 어렵다. 그래서 책을 쓰면서 디자인 외주를 받고, 디자인 일이 적을 때는 하루알바를 했다. 그렇게 번 돈이 한 달에 100만 원 초반대였는데, 그마저도 빚과 세금을 내고 나면 얼마 남지 않았다. 그 당시 하루에 5만 원 이상만 준다면 어떤 일이든 마다하지 않았다.

그중 하나는 다단계 행사를 보조하는 일이었다. 의자를 세팅하고, 물건을 나눠주고, 행사 용품을 정리하는 일이었다. 당시는 다단계가 잘못됐다고 생각하지 않았었다. 어찌 보면 세상의 모든 것은 다단계이기 때문이다. 회사에서도 창업주가 가장 많이 가져가고, 말단직원은 적게 가져간다. 오히려 회사에서는 종종 업무 능력보다 상사에게 얼마나 잘 보였는지가 더 중요하지만, 그나마 다단계는 공정하다. 더 많이 팔면 자신의 소득이 오르게 되어있다.

문제는 다단계의 판매 방식이다. 어떤 사업도 강제로 물건을 사게 하지는 않는다. 하지만 다단계는 반강제로 물건을 사게 만든다. 매월 얼마 이상 사지 않으면, 자신의 밑에 있는 사람들이 사도 자신에게 소득이 떨어지지 않는다. 결국 필요 이상으로 구매를 해서 주변의 아는 사람들에게 반강매를 시킨다. 기왕 먹는 것, 이 제품 먹나 저 제품 먹나 마찬가지라고 생각할 수도 있지만, 그 선택권은 각자가 갖는 것이지 아무리 친한 사람이라도 자기가 대신 선택해주면 안 된다.

이렇게 지인에게 판매하는 이유는, 다단계에서 그렇게 부추기기 때문이다. 성과에 따라 해외여행도 보내주고, 매달마다 다이아몬드(상위 등급) 승급된 사람들을 위한 행사를 크게 한다. 그곳에서 다이아몬드가 된 일이 정말 인생에서 가장 멋진 일인 것처럼 포장한다. 자신의 주관이 약한 사람들은 다이아몬드만 되면 인생의 모든 것이 해결될 것처럼 욕심을 갖게 된다. 어떻게든, 주변 사람에게 사기라도 쳐서(물론 본인은 사기가 아니라고 생각하겠지만) 다이아몬드가 되어야겠다는 생각을 하게 만든다.

판매를 전문적으로 배우지 않은 사람이 남에게 팔기는 어렵다. 이미 사람들은 충분히 속아봤기 때문이다. 큰기업들도 과장광고와 허위광고를 하는데, 하물며 처음보는 개인은 얼마나 더할까. 단지 물건이 좋다고 팔리는 물건은 없다.

사람들이 원하는 것은 좋은 물건이 아니라 검증된 물건이다.

　　예를 들어, 신발이 예뻐서 샀는데, 하루만 신어보니 불편해서 못 신게 됐다. 하지만 신었기 때문에 반품할 수 없다면 누구를 탓하기 어려울 것이다. 대신 다음부터 그 회사 제품은 아마 사지 않을 것이다. 이런 위험이 있는데, 인터넷에 검색도 한번 안 해보고 그 물건을 살 것인가? 검색했는데 이름도 안 나오는 물건을 사기에는 그동안 너무 많이 당했다. 돈을 주고 만든 거짓 후기에 속아 넘어간 경우도 많았다.

물건을 팔려면 먼저 서로 친해져야 한다. 그 사람이 적어도 사기 칠 사람은 아니라는 확신이 들어야 한다. 그리고 상대방이 원하는 것을 파악해야 한다. 상대방에게 필요하면 물건을 소개하고 그렇지 않으면 소개하지 말아야 한다. 이 단계까지만도 시간이 오래 걸리고 힘든 과정이기 때문에 대부분의 사람들은 이미 신뢰가 쌓인 주변 지인들에게 판매한다. 하지만 지인은 그 물건이 맞지 않아도 체면상 물건을 반품하지 못한다. 대신 그 사람과 연락을 끊는다.

당신에게 1억 원이 있고, 두 아들에게 나눠 줘야 한다. 가장 현명하게 나누는 방법은 무엇일까? 똑같이 나눠주는 것이 공평할 수도 있다. 하지만 돈의 속성은 한 사람의 악한 면이나 밝은 면을 확대하는 데에 있다. 한 아들은 돈을 주면 뻔히 자신을 망치는데 쓸 것이 보인다. 그렇다면 그 아들에게도 똑같이 큰돈을 줄 수 있을까?

나라면 먼저 각자에게 100만 원씩 줘 본 다음에 그것을 잘 쓰면 그다음에 1,000만 원을 줘볼 것이다. 그 이후에 남은 7,800만 원을 더 옳게 쓴 자식에게 많이 줄 것 같다.

신 앞에서의 인간도 마찬가지이다. 내가 돈을 어떻게 쓰는지, 위기에서 내가 어떤 모습을 보이는지는 신께서 나를 판단하는 기준을 만들게 된다. 예를 들어 돈이 벌리는 족족 성을 사고, 술을 마시는 데에 다 쓴다고 하면, 그 돈은 나의 악한 면을 키우는데 일조하는 것이다. 그 돈을 주신 분이 신이시고, 신께서는 내가 더 옳게 되기를 바라신다면, 나에게 돈을 주지 않으실 것이다.

반면에 돈이 벌리면 나보다 더 돈이 필요한 사람을 위해 기부하거나, 세상에 도움이 되는 일에 쓴다면, 신께서

는 더 많은 일을 할 수 있도록 더 많은 돈을 주실 것이다.

모든 것은 하나님의 것이다. 사람은 하나님의 물건을 단지 빌려 쓸 뿐이다. 자신의 몸과 재물 또한 신의 선물로 잠시 빌려 쓰는 것이다. 빌려 쓰는 입장에서는 얼마나 더 효과적으로 옳게 쓰느냐가 신께 인정받는 길이다.

은행에 가도 처음부터 큰돈을 빌려주지는 않는다. 적은 돈을 잘 갚고 신용이 쌓이면 큰돈을 빌려준다. 마찬가지로 적은 돈을 보다 옳은 곳, 중요한 곳에 잘 쓰면, 큰돈을 주신다. 성경에서 중요한 것은 '하나님 사랑'과 '이웃 사랑'이다. 스스로 하나님의 말씀을 잘 지키려고 노력하고, 다른 사람들을 돕는 데 힘쓴다면, 자신이 살아가는데 필요한 모든 것은 부족하지 않게 받는다.

아이들에게 용돈을 줄 때도 처음에는 작게 주고, 나이가 들고 돈을 관리할 줄 알게 될 때 더 큰 돈을 준다. 어릴 때는 정해진 시간에 정해진 자유만 주지만, 나중에는 부모님과 떨어져서 자기 스스로 모든 것을 정해야하는 완벽한 자유를 갖게 된다.

결국 내가 더 큰돈을 갖는 것은 나의 노력도 중요하지만, 더 중요한 것은 신께서 보셨을 때 그만큼의 돈을 관리할 능력을 갖고 있느냐이다. 내가 그릇이 된다면 신께서는 당연히 주실 것이다.

나는 큰 부자가 될 것이다. 혹시 돈 때문에 내가 교만해지고, 다른 사람들을 돕지 않고, 옳은 길에서 멀어진다면 부자가 되지 않을 것이다. 그 돈은 없으니만 못한 것이다. 결국 부자가 되는 가장 큰 장애물은 나 자신이다. 내가 얼마나 가치있게 그 돈을 쓰고 그 돈에 사로잡히지 않느냐이다.

바울께서도 돈을 사랑함이 일만 악의 뿌리 디모데전서 6:10 라며 돈을 경계하셨고, 잠언의 아굴 역시 나를 가난하게도 마옵시고 부하게도 마옵시고 오직 필요한 양식으로 나를 먹이시옵소서. 혹 내가 배불러서 하나님을 모른다 여호와가 누굴까 할까 하오며 혹 내가 가난하여 도둑질하고 내 하나님의 이름을 욕되게 할까 두려워함이니이다 잠언 30:8-9 라며 돈을 경계 했다.

돈:

돈의 그릇

부부싸움의 70%는 돈 때문이다. 그리고 돈이 늘면 행복도 늘어난다. 물론 연봉 7,000만원까지는 행복이 늘었지만, 그 이상은 행복이 별로 늘지 않았다는 연구 결과도 있다.

한 달에 300만원 벌어도 많이 버는 게 아니다. 생활비, 세금, 집세 등을 빼고 나면 보통 50~100만 원 정도가 남는다. 이 돈으로 5억짜리 집(서울 평균)을 사려고 하면 100만 원씩 42년이 걸린다. 40년 동안 물가와 집값이 오르는 것을 월급이 얼마나 쫓아갈 수 있을지를 생각하면 빚내지 않고는 못 사는 게 정답이다.

수입이 늘어도 마찬가지이다. 400만 원이 되면 그만큼 지출도 자연스럽게 늘어난다. 잉여금 200만 원을 모두 저축하면 21년이지만, 150만 원씩 모으면 집을 사기위한 5억 원까지 28년 걸린다.

돈이 늘기 위해서 자신의 수입보다 더 중요한 것은 지출이다. 자신이 한달에 쓰는 비용 이상이 남은 금액이고, 남은 금액으로 다른 일을 할 수 있기 때문이다.

우리 4가족은 약 370만 원을 지출한다. 아이가 2명이고, 점심은 어린이집에서 먹고 오는데도 식비가 150만 원인 것은

과하다고 생각한다. (단위 만원)

> 집값 상환: 45
>
> 자녀 교육비: 40
>
> 식비: 150
>
> 교통비 등 기타 잡비: 30
>
> 서적: 10
>
> 국민 의료보험: 20
>
> 의료보험: 10
>
> 통신비: 10
>
> 가스, 수도, 전기: 20
>
> 각종 연금: 35

연 5%의 수입을 꾸준히 얻는다고 했을 때, 자신이 한 달에 쓰는 금액의 240배가 있으면 일을 하지 않아도 먹고 살 수 있다. 월 400만 원(1년에 4800만 원)을 이자로 벌기 위해서는, 연 5%로 했을 때 9억 6천만 원이 있어야 한다.

9억 6천만 원을 10년에 모은다면, 단순히 계산하면 1년에 9600만 원, 매월 800만 원씩 모아야 한다. 하지만, 복리를 붙이면(네이버에서 복리 계산기) 640만 원씩 10년을

납입하면 9600만 원이 된다(이자 세금 15.4%제외). 생활비 400을 더하면 1040만원, 각종 세금을 생각하면 적어도 매월 1,500만원은 벌어야 한다. 물론 그때의 400만원이 지금의 400만원 가치는 아닐 것이다.

20년간 9억 6천을 모으려면 매월 250만원씩, 30년간은 125만원씩 저축해야한다.

저축의 중요성

빚을 갚느라 저축을 못 한다는 사람이 있다. 물론 독하게 마음먹고 빨리 빚을 갚는 것도 좋은 방법이기는 하다. 하지만 그 과정이 길어지면 불행한 느낌을 견디기 어렵다. 행복한 삶을 위해서는 자신의 행복과 저축에도 돈을 써야 한다. 그래서 부자는 먼저 자신을 위해 돈을 쓴다는 말이 있다.

나는 십일조(수입의 1/10을 기부)는 꾸준히 했지만, 저축하지 못했다. 빚을 갚기도 버거웠기 때문이다. 십일조 통장에는 돈이 수백만 원씩 쌓였지만, 내 통장에는 돈이 항상 부족했다. 어느 순간 나를 위한 십일조도 가능할것 같다고 느꼈고, 저금통장을 하나 만들어서 십일조만큼 저금통장에도 넣기 시작했다.

한 달에 수입이 얼마가 됐건, 자신의 마음속에 저축을 위한 작은 주머니가 있다면 그쪽을 향해 나갈 힘이 생긴다. 그리고 비상시에 대한 대비로 안정감이 생기고, 좋은 아이디어가 생겼을 때 사업을 할 수도 있다. 반대로 돈이 없으면 뻔히 보이는 기회도 잡기 어려워진다.

그래서 한 달에 100만 원을 벌더라도 1%는 꼭 저축해야 한다. 익숙해지면 2%, 10%, 20%까지 늘려야 한다. 참고로 부자들은 수입의 20%를 저축한다고 한다. 저축하면

그 돈에 이자가 붙는다. 현재 은행은 1% 이하, CMA는 1%, 적금은 2~3%로 그 금액이 미미하지만, 주식, 펀드에서는 4%~10%의 수익을 얻을 수 있다. 물론 운이 좋다면 40% 이상을 얻기도 한다. 도박성 투기를 하면 2배, 10배도 벌기도 하지만, 자신이 잘 모르는 분야는 그만큼 잃을 확률도 크다. 게다가 공평의 원리에 의해 그런 식의 수입은 큰 의미도 없다고 생각한다.

단지 1억 원만 갖고 있어도, 연 5%면, 년 500만 원이고, 한달에 41만 원이다. 그동안 300만원을 벌어야 했다면, 1억원을 가진 이후에는 259만원만 벌어도 된다. 혹은, 40만원씩 여유금이 쌓인다.

보험을 들까?

국민건강보험을 보면, 직장인 가입자에게는 관대하고, 지역 가입자에게는 야박하다. 소득이 높아도 정확히 잡히는 소득이 아니라면 월급쟁이 자식 밑으로 넣고 조금만 내면 된다. 소득이 적어도 지역가입자에게는 수만원에서 수십만원을 내도록 한다.

　　　앞으로는 소득 중심으로 전면 개편해야 한다. 숨겨진 소득이 높다면서 반론을 제기할 것이다. 숨겨진 소득이 없도록 벌금을 많이 매기는 다른 제도를 만드는 것이 중요하지, 구더기 무서워서 장 못 담그는 말도 안 되는 핑계는 하지 말아야 한다. 또한 병원에 자주 가는 사람에게는 가중치를 두고, 병원에 잘 안 가는 사람은 할인을 해줘야 한다. 그래서 불필요한 진료는 최대한 없애야 한다.

국민건강보험은 의료비의 50~80%만 보장된다. 나머지 20~50%는 본인의 부담인데, 수술 한번 했다가는 큰 경제적 손실을 입는다. 그래서 필요한 게 실손 보험이다.

　　　실손보험은 전 국민의 약 75%가 가입했을 정도로 대중화된 보험인데, 의료비의 80~90%까지 보장된다. 다만 가입 기간만 보장이 되는 보험도 있고, 20~30년을 내고

80~100세까지 보장이 되는 경우가 많은데, 매년 내는 금액이 말도 안될만큼 많이 상승한다.

나는 실손보험은 최소로 들었다. 2만 원 중반을 내고 있는데, 2만 원 미만은 가입자체가 불가능해서 평생 걸리지 않을 것 같은 몇몇 보장에도 억지로 가입하게 됐다. 그런데 최근에는 7천원대 실손보험도 있다. 대신 15년마다 다시 가입해야 한다.

하나님에 대한 믿음이 컸다면, 그 돈을 차라리 불우이웃돕기에 썼을 것이다. 내가 죄를 거의 안 짓고 온전히 살아간다면 성경에 비춰 볼 때 아플 일은 없다. 다만 나 역시 죄인이고, 하나님께서 원하시면 벌을 받아야 한다. 실손보험을 들어 놓으면 가족들에게는 피해가 덜 갈 것이라 생각했다.

생명보험(종신보험)도 하나 들었다. 대부분의 종신보험은 가입금액이 크다. 하지만 내가 가입한 것(메리츠)은 만 삼천원에 일억 원을 보장하는 것이다. 대신에 10년간만 보장하고, 10년 이후에는 사라진다. 아이들이 성인이 된 이후에 내가 죽게 되면, 자기 앞길을 알아서 갈 수 있겠지만, 혹시라도 아이들이 어렸을 때 사고로 죽게 된다면 아내와 아이들에게 최소한의 돈은 남기고 죽는 게 좋을 것 같아서 가입했다.

　　물론, 죽고 사는 게 하나님의 손에 달려 있다는 것은 안다. 하나님께 아직 쓰임을 충분히 받지 못했다고 생각하기에, 분명히 그 날이 오기 전까지 나는 살아있을 것이라고 믿는다. 쓰지도 않을 칼을 가는 사람은 없는 것처럼, 하나님께서 날 발전시키고 계시다고 생각한다. 하지만 어디까지나 내 생각, 내 믿음일 뿐이지, 하나님의 뜻은 알 수 없다. 내일이라도 죽어야 한다면 보험 때문에 덜 마음 아프게 죽을 수 있을 것 같다.

연금보험은 이율이 너무 낮아 가입하지 않았고(2~4%대), 대신 연금펀드는 활용하고 있다. 연금을 든 가장 큰 이유는 소득공제 때문인데, 소득이 늘수록 세금으로 떼는 돈이 너무 크기 때문이다. 연금은 나중에 연금소득세(5.5%)를 내긴 하는데, 종합소득세(6~38%)보다는 훨씬 적다. 그때 쯤이면 아이들 대학비를 내야될 것이고, 능력이 안된다면 이 돈이 큰 도움이 될 것이다.

　　집을 살 때 화재보험에 가입했는데, 보험료를 낼 필요가 없는 보험이다. 한 달에 10만 원씩 3년 적금을 들면, 이후에 보유하고 있는 7년간은 불이 났을 때 최대 2억 원 을

보상해준다. 실상은 적금의 이자 중에 일부를 보험료로 쓰는 것이다.

혹시 보험을 든다면 우체국 보험을 추천한다. 타 보험사에 비해 영업비용(보험사가 가져가는 돈)이 적다. 옛 직장 동료 중에 우체국 보험을 하는 분이 계시는데(박정재 010-9626-5239), 연락드리면 잘 상담해주실 것이다.

6살 때 내 유일한 낙은 딸기 맛 브라보콘을 먹는 것이었다. 하루에 한 번 200원을 내고 딸기 맛 브라보콘을 먹으면 그보다 더 행복할 수가 없었다. 36살이 된 지금 브라보콘 가격은 2천원이다. 당시 200원의 가치가 현재 2천원이 된 것이다.

지금 돈을 은행에 넣으면 이자는 1%도 안 된다, 그렇다고 적금이나 보험에 넣으면 약 2~4%의 이자를 주는데, 2000원을 이자율 3% 보험에 30년간 넣어 놓으면 복리로 2910원이 된다. 총 4910원을 받게 되는데, 이자 세금(15.4%)을 뺀다면 4460원을 갖게 된다.

30년 뒤에는 브라보콘이 4460원이 될까? 과거 30년을 답습한다면, 2천 원의 10배인 2만원이 될 것이다. 하지만, 전세계적으로 경기 성장률은 계속 둔화되고 있고, 물가 상승률(인플레이션) 역시 낮아지고 있다. 그런 점을 봤을 때는 30년 뒤에 브라보콘은 4460원보다 낮을 확률이 높다. 하지만 그것은 꺼내 쓸 수 없는 적금이나 보험에 넣어 놨을 때이고, 이자율이 1%도 안 되는 일반 예금에 넣어놨을 때는 30년 뒤에는 브라보콘을 못 먹게 될 것이다.

다시 말하면, 회사에서 퇴직했을 때, 벌어놓은 돈이 아주 많지 않다면 나중에는 그 돈으로 생활할 수 없다. 그 돈으로 뭔가를 해야지만 삶이 꾸려지게 된다.

치킨집을 차린다면, 치킨에 대한 조예나 사업에 대한 고민 없이 프랜차이즈만 믿고 뛰어드는 경우가 많다. 하지만 평생 회사에서 주어진 일만 하다가 사람 상대하는 일을 하려면 쉽지 않다. 치킨이 식어서 왔다고 불평하는 사람들에게 식어서 갈 수도 있다며 도리어 화를 낸다면, 그 사람은 다시는 그곳에서 치킨을 사 먹지 않을 것이다. 또는 처음에는 잘됐지만, 주변에 더 맛있는 치킨집이 생기면 그 집 때문에 망할 수도 있다. 치킨집으로 성공해서 죽을 때까지 운영하는 데에는 변수가 너무 많다.

회사는 90%가 망한다. 통계에 의하면 대기업이 5년 내에 망할 확률은 14%인데, 중소기업은 망할 확률이 28%, 벤처기업이나 자영업은 75%이다. 30년을 본다면 모든 기업의 90%는 망한다. 1년을 본다면 대략적인 예측은 가능하지만, 10년을 보고 회사가 안 망할지 알기는 쉽지 않다. 1년을 봐도 100개 중 3개는 망한다. 10%의 망하지 않는 회사를 골라서 투자하기도 어렵다.

내가 그 회사를 잘 안다고 해서 수익이 나는 것도 아니고, 수익을 냈다고 주가가 오르는 것도 아니다. 너무 많은 주변 상황의 변수가 있기 때문에 주가가 오르는 회사를 고르기는 쉽지 않다. 외국인이나 기관 투자자들이 빠져나가서 주식이 떨어질 수도 있고, 환율이 오르거나 내려서 주식이 떨어질 수도 있다. 시장의 수요가 줄어들어서 주식이 떨어질 수도 있다. 현재는 상황이 좋지만 앞으로 상황이 안 좋아질 것을 예상해서 주식이 떨어질 수도 있다. 혹은 누군가의 장난으로 주식이 떨어질 수도 있다.

사람은 이기적인 동물이다. 누구나 이타적인 면과 이기적인 면을 다 갖고 있지만, 이기적인 면이 훨씬 크다. 버스의 의자에 자리가 났으면 당연히 앉을 것이다. 하지만 앞에 노인분이나 어린아이가 온다면 어떻게 할까? 얼마나 노인이고 어린인지에 따라 다르겠지만, 일어서지 않는 사람이 더 많을 것이다. 또한, 길에서 지갑을 주우면 돌려주지 않는 사람이 더 많다. 자신이 투자하는 기업의 오너가 자리를 비켜주고, 지갑을 돌려주는 사람일까? 평상시 그런 사람이라고 할지라도, 그 기업이 정말 안 좋은 상황에서도 그렇게 행동할 수 있을까?

사람은 자기가 어떤 권리를 갖고 있으면 그 권리를 쓰려고 한다. 지갑을 주우면 그 돈을 어떻게 하고 말고는 내 권리라고 생각한다. 지갑을 떨어트린 사람의 잘못이라며 돌려주지 않는다.

엑스페리먼트라는 영화가 있다. 스탠퍼드 대학교에서 진행된 실제 실험을 바탕으로 한 독일 영화인데, 실험자들에게 일부는 죄수역을, 일부는 간수역을 맡게 하는 것이었다. 간수들은 자신들의 직권을 남용했고, 결국 실제 실험 기간의 반도 못 채우고 사망자와 부상자를 내며 실험은 종료된다.

뷔페에서 음식 담는 것을 기다리면, 상대방을 배려해서 빨리 순서를 넘기는 사람이 있는가 하면, 일부러 더 천천히 하거나, 음식을 다 펐어도 자리를 비켜주지 않는 사람도 있다.

회사가 상장되기 전까지는 잘 되다가, 상장된 이후에 대부분 잘 안 되는 이유는 사람이 이기적이기 때문이다. 상장이 된 이후에 그 회사에 투자한 돈이 투자자들에게 다시 돌려줘야할 '빚이 아니라 꽁돈'으로 잘못 생각하기도 한다.

게다가 악한자들의 부는 중년이 되면 사라질 것 잠언 21:6이라고 말하고 있다. 아무리 좋은 회사라도 나쁜 사람의 회사라면 하나님께서 언젠가는 빼앗아 가실 것이다. 모든 사람들은 자신의 죄를 숨기려고 하기 때문에, 그런 모습을 보기도 어렵고, 그 사실을 안다고 해도 인간이 의로운 사람과 악한 사람을 나눌 능력도 없다.

기업에 대한 주요정보를 공시하는 것이 법이지만, 모든 정보를 다 공시할 수도 없는 일이다. 기업에 대한 악재를 적절히 숨기기도 하며, 모든 정보를 다 공시해도 일반 투자가가 그 정보를 모두 다 읽을 여유가 없다. 음지에서는 일반투자자들은 접근할 수 없는 정보들도 오고 간다. 기업이 망하기 직전에 이미 오너와 주요 투자자들 역시 돈을 다 빼고, 마지막에 일반 투자자들만이 남아 그 손해를 감당하는 일도 많다.

　　주식 시장은 크게 코스피와 코스닥으로 나뉘는데, 코스피는 연 매출 1000억 이상의 대기업, 코스닥은 연 매출 50~100억 정도의 중소기업을 의미한다. 그래서 코스닥에 상장한 대부분의 기업들은 주식으로 장난칠 수 있다. 어떤 사람이 5억으로 주식을 구입하면 주가가 쭉 오르고, 5억을 한순간에 팔면 주가가 쭉 내린다. 5억이면 집 한 채 가격인데, 이 정도 돈 있는 사람들은 흔하다. 앞서 말했듯 자신에게 권리(돈 등)가 생기면 그 권리를 쓰려고 한다. 주식차트

를 보면 각종 다양한 방법으로 장난을 치는 사람들이 눈에 띈다. 이런 부분을 없애려면 내부자가 아니더라도 일정 금액 이상을 한 주식에 투자하는 경우에 매도를 원하면 공시를 띄우고 일정 시일 뒤에 매도가 가능하도록 법이 바뀌어야 한다.

더 큰 문제는 공매도이다. 공매도란 현재 주식이 없는 사람이 가짜로 주식을 샀다가 미래의 어떤 시점에 주식을 반환하는 것이다. 주가가 내려갈 것을 예측해서 샀다가 반환하는데, 절차상 일반 사람들은 하기 어렵고 기관이나 외국인에게만 허락되어있다. 공매도는 1년까지도 연장 가능한데, 앞서 말한 장난과 함께 공매도 하면 (오랜 기간 강한 상승장의 코스피만 아니라면) 돈만 있으면 누구나 딸 수 있는 일종의 사기이다. 그래서 개인이 주식시장에서 돈을 잃을 확률은 95%가 넘는다.

아이러니한 것은 도박에서 성공할 확률이 주식보다 더 높은 10%이다. 도박 프로그램마다 법적으로 딸 확률이 정해져 있다. 그 확률보다 낮으면 불법이 된다. 카지노의 룰렛에서 0은 녹색(2.8%) 나머지는 1에서 36까지 검은색(48.6%)과 붉은색(48.6%)으로 나눠진다. 검은색이나 붉은색에 걸면 돈을 딸 확률이 약 48.6%인데 돈을 따기는 어렵다. 돈을 따자마자 도박에서 손을 떼면 돈을 딴 것이지만, 대부분은 더 따려고 욕심을 낸다. 그러다보면 시기가 문제이지 언젠가는 다 잃게 된다.

주식이 도박보다 나은 이유는, 도박은 전적으로 확률에 투기하는 것이라면, 주식은 자신이 바꾸고 싶은 가치에 투자해서 세상을 돕는다는 의미 정도랄까. 과연 그 회사의 오너가 그런 마음으로 열심히 일할지는 모를 일이지만 말이다.

전업투자자가 아닌 사람이 주식에 투자한다면, 장난치기 쉬운 코스닥은 쳐다보지 말고, 코스피만 하되, 은행 이자율보다 조금 높은 수익을 바라고 장기 투자(3~5년 이상)하는 것이 옳다. 코스피도 어렵다면 인덱스 펀드나 채권에 투자해야 한다. 나도 연금펀드는 채권에 70%를 담고 있다. 역사상 한 번도 지지 않은 유일한 투자자인 워렌 버핏도 일반 사람들에게는 우량주 인덱스 펀드를 추천했다. 장기적으로 보면 전문가라도 시장의 수익률을 이기기는 불가능하기 때문이다.

워렌 버핏이 투자할 때 가장 중요하게 생각한 것은 시장에 경쟁자가 없는 독점기업이었다. 만약 경쟁자가 있다면 가장 잘 나가는 기업에 투자하는 것이 좋다. 나는 그보다 더 중요한 게 오너의 가치관이라고 생각하지만, 그것은 그 사람을 여러 번 만나도 알기 어렵다.

좋은 기업을 찾는 가장 좋은 방법은 PER과 ROIC를 보는 것이다. PER이란 주식으로 내는 수익을 말한다. 주식의 가격이 천 원이고 PER이 10이면 천 원으로 10년간 천 원을 벌 수 있는 주식이라는 뜻이다. PER이 5면 천 원으로 5년간 천 원을 벌 수 있는 주식이다. ROIC는 가진 자본으로 얼마만큼의 수익을 내는지를 나타내는 것이다. ROIC가 높으면 적은 자본으로 높은 수익을 낸다는 뜻이다.

쉽게 말해 PER은 낮을수록 좋고, ROIC는 높을수록 좋다. 모든 주식을 검색하고 ROIC 순위를 매기고, PER 순위를 매긴 뒤 각각의 순위를 더한다. 숫자가 작을수록 좋은 주식이다. 그 중 20~30개의 기업에 분산 투자한다. 공익기업주와 금융주는 리스트에서 모두 제외한다. 5% 미만의 낮은 수익률을 낸 주식도 제외한다. 관리 종목도 제외한다. 그리고 최소 1년에 한 번씩 PER과 ROIC로 고평가된 주식을 팔고 다시 저평가된 주식을 사는 방식으로 3년 이상을 투자한다.

이것을 마법 공식이라고 하는데 1년으로 봤을 때 시장 평균보다 수익이 낮을 확률이 1/4, 2년으로는 1/6, 3년으로는 항상 시장의 소득보다 높았다. 이 마법공식을 만든 조엘 그린블라트는 20년간 연 40%가 넘는 수익을 올렸다. 이 금액은 1억 원을 투자했을 때 20년 뒤에 836억 원을 받을 수 있는 수익률이다(<주식시장을 이기는 작은 책> 참고).

한국에서도 2008년부터 마법공식을 적용해서 투자하는 사람들이 있다. selffund.co.kr인데, 이곳에서 수익률은 2007년 31.57%, 2008년 -27.15%(리먼브러더스 사

태), 2009년 45.65%, 2010년 31.71%, 2011년 -6.65%, 2012년 19.59%, 2013년 5.91%, 2014년 7.14%, 2015년 3.16%, 2016년 9.13%, 2017년 5.72%이다.

최근 5년(2013년에서 2017년까지)은 보합장(상승과 하락이 거의 없는)이었는데, 그 5년 사이에 코스피는 11.75%가 올랐고, 코스닥은 28.4%가 올랐다. 그리고 마법 공식은 31%가 올랐다. 장기적으로 시장 수익률을 이길 수 있는 전문 투자가 거의 없다는 점을 봤을 때, 시장보다 높은 연 6.2%는 훌륭한 수치이다. 물론 하락장이나 보합장이라는 사실을 알 수 있다면 주식의 위험을 감수하느니 채권이나 적금에 투자하는 게 나았을 수도 있다.

28년째 주식에서 승리 중이고, 1987년 주식 폭락 때도 60%의 월 수익률을 올린 폴 튜더 존스는 1억 원짜리 주식 강의라면서 설명한다. 200일 동안의 주식 평균선이 상승이면 투자하고, 하락이면 투자하지 말라고 한다. 또한 5번 중 한번은 고소득을 위한 위험에 노출 시키라고 한다.

단기적인 투자시기를 보려면 5일선과 20일선을 본다. 5일선이 20일 선을 추월하는 경우를 골든크로스라고 하는데, 이때는 주식이 단기적으로 상승한다. 반면에 20일선이 5일선을 추월하면 주식이 하락한다. 그러므로 기왕이면 골든크로스에서 구매하는 것이 좋다. 반면에 5일선이 20일선보다 하락하는 것을 데드크로스라고 한다. 데드크로스에서는 매도하는 것이 좋다.

세계 최대 헤지펀드인 브리지워터소시에이츠의 창립자 레이 달리오는 일반 사람이 투자할 수 있는 완벽한 자산배분 비율을 권한다(토니로빈스의 <Money>). 그것은 미국장기채 40%, 미국중기채 15%, 주식 30%, 금 7.5%, 원자재상품 7.5%이다. 이 경우 40년간의 실적에 대입하면 연 평균 수익율이 약 10%이다. 물론 한국에서는 '달러의 변동성'도 포함이 되기 때문에 상황이 다르기는 하다.

비트코인

비트코인은 인터넷 가상 화폐다. 2017년에 10배가 넘게 오르면서 끊임없이 화제를 몰고 오는데, 나는 절대 투자하지 않을 것이고, 주변에도 안 했으면 좋겠다.

어떤 투자든 '실물'이 존재한다. 은행 역시 처음에는 일정이상의 금을 갖고 대출을 해줬고, 현재도 일정이상의 실제 돈을 갖고 있어야 대출을 해줄 수 있다. '주식'은 실제 존재하는 기업이 있고, 파생상품 역시 그 '주식' 등을 갖고 한다. 비트코인은 현물이 없다. 그래서 한 시간 뒤에 0원이 되더라도 전혀 이상하지 않다.

게다가 주식은 서킷브레이커, 하한가 등이 투자자들을 보호해주지만, 비트코인은 보호해주는 시스템이 없다.

결국 투자하는 사람들이 '블록체인, 블록체인'하는 게, 그 기술에 투자하고 있기 때문이다. 그렇다고 블록체인이 그만큼 독점적이고 대단한 기술도 아니다. 현재로서는 그냥 암시장, 암거래로써는 꾸준한 시장이 유지될지언정, 화폐로서의 가치는 크게 없다고 생각한다.

수익을 냈다면, 본전은 빼고 투자하는 것을 추천한다. 절대 재산의 1/5가 넘는 투자는 좋지 않다.

전세와 곰팡이

아내와 약혼하고 집을 살 집을 알아봤다. 내가 가진 돈은 없었지만, 양 부모님께 천만 원씩 신세지고, 나라에 전세자금을 빌리면 약 4천만 원짜리 전세는 들어갈 수 있었다. 지금도 전세가 품귀지만, 그때는 더 적었다. 게다가 지금은 직방, 다방 등의 앱이 많지만 그때는 부동산과 카페를 통한 정보밖에 없었다.

나라에서 전세자금을 빌리려면 혼인신고를 해야 했다. 현재 버팀목 전세자금의 대출 한도는 8천만 원(수도권 1.2억 원)이고, 금리는 현재 2.5% 인데, 신혼부부 우대받으면 1.7% 이하도 가능하다. 신청하려면 확정일자부 임대차계약서, 임차 보증금 5% 이상 낸 영수증, 주민등록등본, 대상주택의 등기사항전부증명서(등기부 등본), 소득확인서류(원천징수영수증, 소득금액 증명원, 신고 사실이 없는 경우 '사실 증명원'), 재직확인서류(건강보험 자격득실확인서, 사업자 등록 증명원 등)이 필요하다.

일주일간 알아보고 노량진역에서 약 15분 정도 걸어가면 살 수 있는 옥탑방을 찾았다. 리모델링을 끝내서 안은 깨끗했다. 짐이 많지 않아 아버지와 동생이 도와줘서 짐을 옮길 수 있었다. 그곳에서 2주 정도를 살았는데, 옥탑 장판을 들어보니 바닥에 곰팡이가 심했다.

　나는 폐병을 앓은 적이 있어서, 다른 것은 몰라도 곰팡이만큼은 없는 집에서 살고 싶었다. 그래서 이 집에 들어올 때도 곰팡이가 있으면 환급해주기로 약속을 하고 들어왔다. 부동산에 이야기하자, 바닥이 덜 말라서 그렇다며 다시 공사하겠다고 했다. 몇 달간의 공사 뒤에 들어오겠냐고 하길래 그 기간이 너무 길고 또 곰팡이가 생길 수도 있을어서 다른 집을 알아보기로 했다.

부동산 관련 카페를 통해 보라매역 근처에 리모델링한 집을 발견했다. 처음 알게된 방은 5천만 원이었는데, 좀 더 넓은 1.5룸 2층방은 7500만 원에 주실 수 있다고 하셨다. 1.5룸이란 방이 2개는 아니지만 들어가는 입구의 주방과 원룸이 나뉘어 있는 방을 말한다. 7500만 원짜리 방이 햇빛이 훨씬 잘 들어서 무리를 해서 그 방을 얻었다.

　큰 방을 나눠서 두 곳에 전세를 준 것이라 우리 방의 형태는 정사각형이 아니었다. 주방은 계단 밑에 있었고, 방의 한쪽 모서리는 사선으로 되어 있었다. 그래도 그때의 우리 사정에는 과분한 집이었다. 버스 정류장에서 내리면 거의 바로 있고, 보라매역에도 가깝고 건너편에 보라매공원도 있었다.

6개월쯤 살았을 때 또 곰팡이 문제가 터졌다. 2층이 다 보니 밑에서 올라오는 곰팡이와 벽의 결로 때문에 곰팡이가 생기는 것이었다. 지금 생각하면 우리 잘못도 컸다. 환기를 더 자주 시켜야 하고, 겨울철엔 항상 제습기로 습도를 55% 이하로 맞췄어야 했다. 화장실의 문은 항상 열어놓고 환풍기는 24시간 돌려야 했다. 그때는 곰팡이가 생길 때마다 곰팡이 약과 락스로 닦아냈다. 나중에는 일부 벽지를 뜯어내고 황토를 발랐다. 그때는 몰랐는데, 곰팡이를 막아주는 페인트를 칠하면 대부분 막을 수 있다고 한다.

원룸이라 불편했다. 매번 식사할 때마다 상 필 자리를 마련해야 했고, 자기 전에는 아이의 장남감을 다 정리해야 누울 공간이 생겼다. 3년을 살았는데, 아기 한 명은 어떻게 키웠지만, 2명은 키울 자신이 없어서 새로운 집을 알아봤다.

가진 돈이 얼마 없어서 경매 쪽을 먼저 알아봤다. 당시만 해도 유찰되는 집들이 꽤 있었고, 저렴하게 집을 살 수 있었다. 무리하면 1억 초반까지는 가능했다. 서울 안에 5천만 원에서 1억 초반대의 매물을 뽑고, 서울 지도를 펼친 뒤에 공기가 좋은 위치의 매물을 모았다. 그리고 차를 빌려 약 열 군데 정도 방문했다. 친절하게 설명해주는 곳도 있고, 문전박대하는 곳도 있었다. 지하철역과 거리가 멀거나 계단이 너무 많거나, 너무 오래됐거나 등등 마음에 드는 집은 찾지 못했다.

이후 아내는 전세를 알아봤다. 부동산 앱들이 활성화된 때라서 찾아보면 전세가 꽤 있었다. 새 건물도 공사비를 치르기 위해 방 한두 개는 전세를 주기 때문에, 발 빠르게 움직이면 전세로 들어갈 수 있었다. 하지만 고민하는 사이 이미 계약이 되는 일이 많았다.

그러다가 홍제동 쪽에 산에 둘러싸인 집을 아내가 찾

았다. 20평, 방 3개, 새 건물이고 햇빛도 잘 들었다. 약 10분이면 지하철에 갈 수 있었다. 5층이었지만 엘리베이터가 있었다. 전세가 아니라 매매였지만 아내와 내가 원하던 집이라 사고 싶었다. 다만, 2억 3천500이 너무 큰 돈이라 부담스러웠다.

그 집에 3번을 갔는데, 가면 갈수록 더 사고 싶은 생각이 들었다. 창문을 열면 숲속의 살아있는 공기가 느껴진다. 안산의 절벽이 보이는데 봄에는 개나리가 가득 피고, 여름에는 아카시아가 흩날린다. 가을엔 단풍이, 겨울엔 눈꽃이 핀다. 집주인에게 대금을 늦게 치러도 되겠냐고 양해를 구하고 잔금은 3개월 뒤에 치르겠다고 약속했다.

잔금을 치를 수 있을지 고민스러워서 전세의 주인분께는 말씀드리지 못했다. 잔금을 치르기 약 한 달 반 전쯤 그 돈을 맞출 수 있을 것 같아서 주인분께 말씀 드렸다. 전세를 알아볼 때는 그렇게도 없더니 전세를 내놓으니 생각보다 잘 안 나갔다. 시기가 겨울이라 더 그랬다. 다행히도 1주일 전에 새로운 세입자가 들어와서 잔금을 치를 수 있었다.

집을 2015년에 샀는데, 집을 사기 전에 집에 관련된 책을 읽고 정보를 알아봤다. 결혼인구 감소로 2018년부터는 집값이 내려갈 것이라고 모두 이야기했고, 그동안 집값이 너무 많이 올랐다. 더군다나 일반주택은 사는 순간 중고가 돼서, 팔고 싶으면 손해 보고 팔아야 한다. 게다가 빚으로 산 집이지만 재산으로 인정돼서 의료보험을 비롯해 각종 재산세도 내야 한다.

하지만 집이 주는 안정감은 어떤 것에도 비교할 수 없다. 차는 보험금에 연료도 계속 들어가고, 나중에는 낡아져서 팔기 어렵지만, 집은 땅이 있으므로 일정 이상의 가치는 항상 유지한다. 그리고 젊었을 때 아기를 낳아 키울 수 있다는 것만 해도 큰 이득이라 생각했다. 나이 들면 아기를 낳기도 어렵고, 키우기는 더 어렵다.

빚은 1억 5천을 졌지만, 30년간 갚으면 연 2%씩 30년에 60%, 2억 4천을 내야 한다. 물론 15년 이내에 갚으면 이자는 30%인 1억 9천500만 갚으면 된다. 같은 돈이라도 초반에 많이 갚고 후반에 적게 갚는 것이 훨씬 낫다. 매월 30만원씩 갚으면 처음에는 원금이 10만원도 안되다가 원금은 점점 늘고, 이자는 점점 줄어서 나중에는 이자가 10만원으로 바뀐다.

한국에서 모든 가정의 약 50%는 전세나 월세이고, 50%는 자가주택이다. 예수님께서는 온유한 자는 복이 있나니 저희가 땅을 기업으로 받을 것임이오_{마태복음 5:5} 라고 하셨다. 이 말에 비춰보면 한국에서 전체의 인구 중 적어도 절반보다 온유할 수만 있다면 집을 가질 수 있다. 얼마나 더 큰 집을 가질 수 있는 가는 얼마나 다른 사람보다 더 성격이 부드러운지, 화를 잘 안 내는지에 달려 있다고 생각한다.

꿈

쓰면
이루어질까?

TOP 6

쓰면 이루어질까?

성공학, 자기계발 책의 약 70% 이상은 믿으면 이루어진다고 한다. 신흥 종교도 아니고, 대부분의 사람은 말도 안 되게 느낄 것이다. 비슷한 예로 '끌림의 법칙'이란 것도 있다. 목표를 명확히 하면 그것을 이룰 수 있도록 관련된 일들이 생기고, 관련된 사람들이 가까워진다는 것이다. 근거가 있는 소리일까? 싶기도 하고, 밑져야 본전이니까 한번 해보자라고 생각할 수도 있다.

1979년 하버드 대학에서 경영대학원 졸업생들에게 "명확한 목표를 설정하고, 계획을 세웠는가?"라는 질문에 3%만 목표와 계획을 종이에 썼고, 17%는 목표는 있었지만 종이에 쓰지는 않았고, 84%는 구체적인 목표가 전혀 없었다. 10년 후 1989년에 다시 인터뷰했는데, 13%는 84%의 2배를 벌었고, 목표와 계획을 종이에 쓴 3%는 나머지 97%의 10배를 벌었다.

각종 근거와 일화를 들면서 자기계발 서적에서는 믿으면 이루어진다는 말이 맞다고 주장한다. 하지만 '왜' 그런지, '어떻게' 그 일이 발생하는지 논리적으로 설명하지는 않는다.

사람은 변덕스러워서 자신에게 가장 맞는 일, 가장 맞는 사람을 줘도 만족을 못 한다. 현재 자기 생각에 맞는 일이 나중에는 맞지 않는 일일 수도 있다. 마찬가지로 자신의 이상형을 명확히 적어놓지 않으면, 신께서 이상형을 주시더라도 만족할 수 없을 것이다.

쓴다는 행위는 자기 생각을 확정 짓는다는 것이고, 확정한 이후부터는 그것이 이뤄지도록 신께서 도와주신다. 또한, 나중에 그것이 이뤄졌을 때 다른 말을 할 소지가 없어진다. 물론 그 일이 뚝딱 하고 이뤄지지는 않는다. 하지만 그 일이 이뤄지는 데 필요한 다양한 장애물과 경험을 주실 것이다. 그리고 시간이 지나서 뒤를 돌아보면, 그 일이 왜 필요했는지 이해가 된다.

대부분의 사람은 현재 하는 일에서 가장 큰 교훈을 얻을 수 있다. 그 일을 제대로 하고 나면, 다음 단계의 일을 신께서 주신다. 예를 들어, 처음부터 학원 원장 자리로 시작하기는 어렵다. 학생 관리나 학원 선생님부터 시작해서 강의하는 학원의 크기도 커지고, 나중에는 자신의 학원도 차리게 되는 것이다. 학생 관리도 못 하면서, 선생님 관리를 할 수는 없다.

학교에서 매번 지각하고 숙제도 제대로 못 하면서, 편의점 아르바이트 일을 잘할 수는 없다. 음식점 아르바이트에서 고객에게 짜증만 내는 사람이 자기 음식점을 차린다고 고객에게 친절해질 수는 없다. 음식점이 꿈인 사람이라면 고객 대응하는 방법을 익혀야 한다. 아르바이트에서 익히지 못하고 음식점을 차린다면 분명히 망할 것이다. 망해서 크게 좌절하느니, 음식점을 차릴만한 돈이 없는 게 그 사람에게는 축복이다.

약 13년 전 음악을 포기할 것을 고민할 때였다. 앞으로 뭘 해야 될지 막막했다. 하나님께서는 나를 만드시긴 했지만, 내가 어떻게 살아야 할 지 도와주시지는 않는다고 생각했다. 내 기도에 응답해주실 만큼 나를 아끼지 않는다고 느꼈다.

지금 내 생각은 모든 사람의 먹고 사는 문제와 직업, 사람들이 만나고 헤어지는 것과 사랑 등 모든 것에 하나님께서 관여하신다. 사람들의 생각 이상으로 사람들을 아끼신다.

하나님께서는 사람들이 이기심 때문에 나쁜 쪽으로 커지는 것조차 강제로 막지 않으신다. 그 일을 통해 깨달음을 얻고 돌아오기를 오랜 시간 동안 참고 기다리신다. 어떤 사람들은 죽을 때까지 심판을 제대로 받지 않기에, 신은 공평하지 않다고, 혹은 신은 계시지 않다고 느끼게 되기도 한다. 하물며 좋은 일을 계획하고 진행할 때, 선하신 하나님께서는 물심양면으로 도우신다.

누구나 소중하게 여기는 것들이 있다. 자신의 자녀, 노력해서 딴 자격증, 열심히 모은 돈, 남들이 이루지 못한 어떤 것을 이룬 것, 심지어 미술 시간에 작은것 하나라도 열심히 만들면, 그 작은 것에 애착이 많이 간다.

종이배는 금방 만들지만, 실제의 배는 쉽게 만들 수 없다. 작은 곤충, 동물은 금방 만들 수 있으셨겠지만, 한 사람을 만드는 데는 수천, 수만 배의 노력이 들 것이다.

사람을 만든 분이 실제로 존재한다면, 그 분은 자신이 만든 사람들에게 애착을 많이 가질 것이다. 성경에서는 하나님께서 사람들을 사랑하시고, 복주셨다고창세기 1:28 했다. 20억을 준다고 해도 선뜻 자신의 두 눈을 팔 사람이 없듯이, 하나님은 개개인 모두에게 수십, 수백억의 능력과 자유로운 시간을 사람에게 주셨다.

그 사람을 태어나게 했을 뿐 아니라, 먹여 살리시고, 원하는 걸 이루게 해주신다.

내가 또 너희에게 이르노니 구하라 그러면 너희에게

공평: 쓰면 이루어질까?

주실 것이요 찾으라 그러면 찾을 것이요 문을 두드리라 그러면 너희에게 열릴 것이니 구하는 이마다 받을 것이요 찾는 이가 찾을 것이요 두드리는 이에게 열릴 것이니라 너희 중에 아비 된 자 누가 아들이 생선을 달라 하면 생선 대신에 뱀을 주며 알을 달라 하면 전갈을 주겠느냐 너희가 악할지라도 좋은 것을 자식에게 줄 줄 알거든 하물며 너희 천부께서 구하는 자에게 성령을 주시지 않겠느냐 하시니라 누가복음 11:9~13

하나님께서는 사람의 소원을 이뤄주고 싶어도, 사람들은 원하는 것이 무엇인지 정확하게 모른다. 대부분 보통 돈을 많이 벌고 싶다는 소원은 있지만, 얼만큼의 돈을 어디에 쓸 것인지에 대한 소원은 없는 경우가 많다.

예쁜 여자친구를 원하기는 하지만, 정확히 어떤 부분이 어떻게 예쁜 것을 원하는 지 스스로도 잘 모른다. 이 경우 자신이 바라는 것을 준다고 해도 그 상황이 되면 마음이 바뀔 수도 있다. 바뀌었다고 해도 추궁할 증거가 없다. 하나님께 자신이 이것을(혹은 이 상황을) 원한 적이 없다고 거짓말 할 것인가?

자신이 원하는 게 있다면, 글로 써라. 그리고 끊임없

이 노력하고 기도해라. 또한 남들도 그렇게 되도록 도와줘라. 그러면 때가 되면 분명히 들어주신다. 나는 그렇게 해서 그동안 많이 이뤘고, 앞으로도 더 크게 소원을 이뤄나가고, 더 행복하게 될 것이라고 확신한다.

> 너희 중에 누가 아들이 떡을 달라 하면 돌을 주며 생선을 달라 하면 뱀을 줄 사람이 있겠느냐 너희가 악한 자라도 좋은 것으로 자식에게 줄줄 알거든 하물며 하늘에 계신 너희 아버지께서 구하는 자에게 좋은 것으로 주시지 않겠느냐 그러므로 무엇이든지 남에게 대접을 받고자 하는대로 너희도 남을 대접하라 이것이 율법이요 선지자니라 마태복음 7:9~12

공평:

쓰면

이루어질

까?

사람이 보기에 이 세상이 불공평해 보일지언정, 하나님께서 이 세상을 통치하는 원리는 '공의'이다. 한 사람이 잘났든 못났든, 인간이라는 개체로써 모든 사람을 같게 대하신다. 똑같이 잘못했는데 어느 한쪽만 더 벌을 받지 않고, 똑같이 잘했는데 어느 한쪽만 더 상을 받지는 않는다.

똑같은 자동차를 훔쳤는데, 인간의 법으로 어떤 사람은 징역 1년을 받고, 어떤 사람은 2년을 받을 수 있다. 그 벌은 판사가 결정할 일이지만, 그 벌이 그 사람이 제공한 피해보다 적다면, 그 피해만큼은 신께서 각각의 사람에게 갚아주셔야 공평해진다.

만군의 여호와가 말하노라 내가 내 백성을 동방에서부터, 서방에서부터 구원하여 내고 인도하여다가 예루살렘 가운데 거하게 하리니 그들은 내 백성이 되고 나는 성실과 정의로 그들의 하나님이 되리라 스가랴 8:7-8 라고 하셨고, 구름과 흑암이 그를 둘렀고 의와 공평이 그의 보좌의 기초로다 시편 97:2

심지어는 그 사람이 처한 상황까지 고려하셔서 공평하게 응해주신다.

또 어떤 가난한 과부의 두 렙돈 넣는 것을 보시고 가라사대 내가 참으로 너희에게 말하노니 이 가난한 과부가 모든 사람보다 많이 넣었도다. 저들은 그 풍족한 중에서 헌금을 넣었거니와 이 과부는 그 구차한 중에서 자기의 있는바 생활비 전부를 넣었느니라 하시니라.

누가복음 21:2~21:4

기부한 돈의 가치를 절대적으로 평가하지 않으시고, 그 사람이 처한 상황에 맞춰 상대적으로 평가해주셨다. 가난한 과부가 생활비 전부를 넣었으니 굶어 죽었을까? 성경에 나와 있지는 않지만 분명히 기부한 이상, 내 생각에는 적어도 100배 이상 받았을 것이다. 사람에게 빚진 것도 갚아야 하는 것처럼, 신께서 빚진 것은 당연히 갚아주신다.

모세의 십계명 중에 4계명 안식일(토요일)에는 일을 하면 안 된다. 안식일을 어기고 나무를 잘랐다가 붙잡힌 사람이 있다. 모세가 하나님께 이 사람을 어떻게 해야 되냐고 여쭤보는데, 하나님께서는 반드시 죽여라라고 하셔서 백성들이 돌로 쳐서 죽인다 민수기 15:32~36.

하나님은 '사랑'이라고 알고 계셨지만, 그 사랑은 어디까지나 '공평'과 '공의'에 근거한 사랑이다. 만약 하나님께서 그 사람을 살리라고 하셨다면, 이후에는 사람들이 안식일을 우습게 보고 안식일을 지키지 않았을 것이다.

신약이라고 다르지 않다. 신약에서 예수님을 받아들인 사람들은 자신이 가진 돈을 다 모아서 함께 생활했다. 아나니아라는 사람도 함께하고 싶어서 베드로 앞에 온다.

> 아나니아라 하는 사람이 그 아내 삽비라로 더불어 소유를 팔아 그 값에서 얼마를 감추매 그 아내도 알더라. 얼마를 가져다가 사도들의 발 앞에 두니 베드로가 가로되 아나니아야 어찌하여 사단이 네 마음에 가득하여 네가 성령을 속이고 땅값 얼마를 감추었느냐. 땅이 그대로 있을 때에는 네 땅이 아니며 판 후에도 네 임의로 할 수가 없더냐. 어찌하여 이 일을 네 마음에 두었느냐. 사람에게 거짓말 한 것이 아니요 하나님께로다. 아나니아가 이 말을 듣고 엎드러져 혼이 떠나니 이 일을 듣는 사람이 다 크게 두려워하더라. 젊은 사람들이 일어나 시신을 싸서 메고 나가 장사하니라. 세 시간쯤 지나 그 아내가 그 생긴 일을 알지 못하고 들어 오

니 베드로가 가로되 그 땅 판 값이 이것 뿐이냐? 내게 말하라. 하니 가로되 예 이뿐이로라. 베드로가 가로되 너희가 어찌 함께 꾀하여 주의 영을 시험하려 하느냐. 보라 네 남편을 장사하고 오는 사람들의 발이 문 앞에 이르렀으니 또 너를 메어 내가리라. 한대 곧 베드로의 발 앞에 엎드려져 혼이 떠나는지라. 젊은 사람들이 들어와 죽은 것을 보고 메어다가 그 남편 곁에 장사하니. 온 교회와 이 일을 듣는 사람들이 다 크게 두려워하니라 사도행전 5:1~5:9

내가 한 일과 남이 한 일, 세상의 모든 일은 어떠한 방식으로든 돌려받게 되어있다. 그것을 알면 대부분의 걱정거리가 사라진다. 그리고 함부로 행동하지 않게 된다. 하나님께서는 모든 것을 알고 계시고, 그대로 갚아 주신다. 성경에 관련된 더 자세한 내용은 이 책의 뒷부분(p.314)에서 다룬다.

사람이 무엇으로 심든지 그대로 거두리라. 자기의 육체를 위하여 심는 자는 육체로부터 썩어질 것을 거두고, 성령을 위하여 심는 자는 성령으로부터 영생을 거두리라 갈라디아서 6장 7절~8절

세상은 아주 불공평하게 보인다. 누구는 유치원 때부터 영어 과외를 받고, 누구는 돈이 없어서 영어책 살 돈도 없다. 심지어 먹고 싶은 것도 마음대로 못 먹는다. 자신의 아이가 배우고 싶다고 하는데, 가르치고 싶지 않은 부모는 없을 것이다. 다만 돈이 없어서 못 해주는 것이다. 세상에서 가진 자는 가진 것을 활용해서 더 많은 것을 가지고, 없는 사람은 아무리 해도 갖기 어렵게 되어있다.

인생에서 실패가 없을 수 없다. 금수저나 은수저라도 실패를 피해갈 수 없다. 공부를 잘하고 멋진 직업을 얻었어도, 결혼이나 자녀교육에서 실패할 수도 있다. 중요한 것은 실패했을 때 그것을 극복하는 태도이다. 실패했다고 포기하는 사람도 있고, 실패했어도 그것에 다시 도전하거나 다른 일에 최선을 다해 도전하는 사람도 있다. 이 경우엔 언젠가는 자신이 원하는 성공을 가질 수 있다.

열심히 해도 성적은 반에서 뒤이고, 전문대도 입학을 못 하고, 입사원서를 100번 넘게 넣었지만 취직이 안 되고, 취직했다가 3개월도 안돼서 잘리고, 먹고 싶은 것을 참아가며 돈을 벌어도 빚만 쌓이고, 수십 번 고백해도 애인이 없을 수도 있다. 마음이 너무 괴로워 모든 것을 다 때려치우고 싶고, 자살을 생각할 수도 있다.

하나님께서는 그 사람이 겪은 모든 힘든 일을 알고 계신다. 그 사람의 인생 어느 순간에서 그 잘한 일 잘못한 일에 대해서 보상해주신다. 오히려 그 사람이 그 힘듦을 겪지 않았다면, 하나님께서 그것에 대해서 보상해주실 이유가 없었을 것이다. 하나님은 공평하셔야 하기 때문이다. 만약 세상이 공평하지 않다면 하나님께서 계시지 않은 것이다.

그 사람이 죽어서 하나님 앞에 서는 날에 적어도 하나님께 왜 제게 이런 인생을 주셨습니까?라는 말은 절대 못하게 각 사람의 인생을 이끌어 주시리라 믿는다. 악인에게도 아까울 정도로 베풀어 주신다. 착한 사람에게는 분명히 차고 넘치도록 주신다. 다만 당장 그것을 주지 않아서 잘 못 느끼는 것뿐이다. 그 이유가 그것을 당장, 크게 준다면 그 사람이 교만해져서 잘못될 수도 있기 때문이라고 생각한다.

세상이 공평하다는 것을 깨닫게 되자 대부분의 걱정과 고민이 사라졌다. 자신의 잘한 일 잘못한 일은 이 세상에서 돌려받게 되며, 받기 힘든 경우에는 죽은 이후에 받게 된다. 직장에서 자신을 이유 없이 못살게 구는 사람이 있다면 언젠가 그 사람이 나에게 준 만큼 받을 것이다. 두고 봐라.

공평: 쓰면 이루어질까?

지켜봐라. 모든 것은 내 탓이며, 혹시라도 내 탓이 아닌 일들은 시기가 문제지 분명히 옳게 바뀌어 있을 것이다.

신 앞에서는 누가 공부를 더 잘하는지는 중요하지 않다. 누가 더 신의 말씀을 지키고, 더 많은 사람에게 사랑을 베풀었는지가 중요하다. 주변 사람들이 거짓말로 모면하는 순간에도 거짓말을 하지 않고, 상대방의 잘못이 분명함에도 화를 내지 않고, 지갑을 주웠다면 떳떳하게 주인에게 돌려주고, 모르는 사람과 하룻밤을 보내지 않는 것이다. 사랑을 베푸는 것은 자신이 하지 않아도 될 일을 상대방을 위해 해주고, 가진 것이 있으면 조금이라도 베풀고, 하다못해 버스나 지하철에서 노인이나 임산부에게 자리를 비켜주는 것도 사랑을 베푸는 것이다.

신 앞에서는 얼마나 옳은 일을 하는지가 중요하다. 한 사람의 도덕성을 평가할 수 있는 어떤 일이 발생하는 것은, 신께서 그 사람의 그릇을 보고 싶으신 것이다. 더 많은 것을 그 사람에게 주고 싶은데, 그것을 받을 만한 그릇이 되는지 알아보시는 것이다. 성경을 읽고 그 말씀대로 살면 더 좋지만, 그렇지 않더라도 자신의 양심에 거리끼는 일은 당신 스스로를 위해서 절대로 하지 마라.

한 왕이 백성들을 굶주림에서 구해 낼 방안을 고민했다. 신하들을 불러모아 부자가 될 수 있는 지혜를 모으라고 말했다. 1년간 신하들은 그 지혜를 모았고 그 내용은 87권에 각각 600쪽의 분량이었다. 왕은 백성들이 그 책 모두를 보기는 힘들것이라 여겨 87권을 한권으로 압축하라고 했다. 1년간 신하들은 87권의 내용을 한권으로 압축했다. 왕은 1권도 내용이 많고, 글을 못 읽는 백성들은 그것도 읽기 어렵다고 생각했다. 긴 이야기는 말로 전해지기 어렵기 때문에 한 권을 한문장으로 압축하라고 했다. 신하들은 다시 1년간 가장 중요한 한 문장을 만들기 위해 노력했고, 그렇게 탄생한 문장이 '세상에는 공짜가 없다'였다.

위의 이야기는 여러 이야기를 종합해서 각색한 것이다. 한국에서는 87권이 아니라 12권이라는 이야기로 전해지고 있다. 이 이야기가 어디에서 만들어졌는지 분분하지만, 1938년에 미국 헤럴드지에 처음 실렸다는 설이 가장 유력하다. 헤럴드지의 문장은 'There ain't no such thing as free lunch'이다. 번역하면 '공짜 점심 같은 것은 없다'이다.

만약 나에게 누군가가 가장 도움이 되는 세상의 이치에 관해 물어본다면, 고민하지 않고 '세상은 공평하다'라

공평: 쓰면 이루어질까?

고 알려줄 것이다. 당신이 한 생각, 말, 행동 모든 것이 본인에게 돌아 온다. 현재 당신의 모습은 '과거 당신의 행동 때문'이며, 미래의 당신의 모습은 '현재 당신의 행동 때문'이다. 어떤 사람은 자신의 탓보다 환경의 탓이 더 크다고 말할 것이다. 어떤 사람은 부모님의 재력, 부모님의 태도, 친구들의 수준, 상관의 성격, 배우자의 수준, 선생님의 가르침 등이 문제였다고 할 것이다. 물론 환경의 탓도 있으나, 더 큰 것은 본인의 잘못이다. 긴 시간으로 보면 환경의 탓은 거의 없다. 결국 모든 것은 '내 탓'이다.

누군가 내게 나쁜 말, 행동했다면, 내가 돌려주지 않을아도 언젠가 그 사람은 비슷한 것을 받게 된다. 남이 나에게 어떤 나쁜 말을 했다면, 내가 상처받을 필요가 없다. 어차피 그것은 그 사람이 당할 몫이기 때문이다. 어찌 보면, 그 이야기를 한 사람이 불쌍한 것이다. 만약 이 진리를 알았다면 쉽게 그 나쁜 말을 나에게 하지 못했을 것이기 때문이다.

하나님의 율법도 마찬가지이다. 누군가 다른 사람을 살인하게 되면, 그 사람도 살인을 당해야만 공평한 것이 된다. 당장 살인을 당하지 않을지언정, 그 인생에서 아무리 노력해도 되는 일이 없게 될 것이다. 어찌보면 죽는것과 마찬가지가 된다. 성경에서 최초의 살인자인 가인이 죄 없는 아벨을 살해했을 때, 하나님께서는 죄에 대한 대가로 네가 저주를 받으리니 아무리 노력해도 땅의 열매를 얻지 못할것 창세기 4:11이라고 하셨다. 가인에게는 그런 벌을 주셨는데, 다른 살인자에게는 벌을 주시지 않는다면 하나님께서 공평하지 않으신 것이다. 결국 살인을 하지 않는 것이 자신을 지키는 것이된다. 하나님께서 그 법을 주신 것은 살인을 당하는 사람뿐 아니라, 살인하려는 사람도 구하기 위한 것이다.

살인처럼 큰일이 아니더라도 마찬가지이다. 남에게 사기를 쳤다면 자신도 누군가에게 사기당하게 된다. 그리고 사기당한 사람은 잘못이 없다면 그 사기당한 것 이상의 이득을 돌려받게 되어있다. 그래야 공평하기 때문이다.

지갑을 주웠을 때 돌려주지 않는다면, 자신이 지갑을 잃었을 때도 돌려받지 못한다. 지하철에서 아픈 사람에게 자리를 비켜주지 않는다면, 자신이 아플 때도 다른 사람들이 자리를 양보하지 않는다. 부자일 때 가난한 사람을 돕지 않는다면, 자신이 가난해졌을 때도 도움을 받지 못한다.

예수께서 사람들에게 전한 것은 이웃을 사랑하라였지만, 구체적인 한 문장은 받고 싶은 대로 주라였다. 이것이 곧 율법이요 선지자라고 하셨을 정도로 중요한 문장이다.

공평: 쓰면 이루어질까?

사람 생각으로는 받고 싶은 대로 주면 가진 게 사라지니까 손해라고 생각할 수 있다. 하지만 주는 것 이상으로 분명히 돌려받게 된다. 받고 싶은 대로 주는 것은 상대방을 위한 것이 아니라, 결국 나를 위한 것이다.

어딜가나 있는 이상한 사람

어딜 가나 이상한 사람 한 명은 꼭 있다. 다른 사람이라면 좋게 이야기 할 일을 화내면서 신경을 건드리니까 스트레스받는다. 왜 나만 이런 사람을 만나는지 의문이다.

이상한 사람을 일로써 대할 필요는 있지만 구태여 친해질 필요는 없다. 신경이 안 쓰일 수는 없지만, 귀한 시간과 생각을 쓸데없는 사람 때문에 낭비할 필요는 없다.

이상한 사람이 잘못 일을 시키거나 해코지하면, 해줄 수 있는 부분은 최대한 해주고, 과한 부분은 구태여 해줄 필요가 없다. 자신이 감당할 수 있는 만큼 감당해보고, 정 안되면 상관에게 이야기해본다. 상관도 한통속이라면 장래성이 없는 기업에 있을 필요는 없다.

대부분의 사람은 행복의 수준이 정해져 있다. 조금 더 행복하거나 덜 행복할 때는 있을지언정 크게 행복하게 바뀌지는 않는다. 더 행복해지는 방법은, 남에게 행복을 베풀거나(일, 기부 등을 통해서), 남이 자신을 불행하게 만들 때 불행해지지 않는 것이다. 남의 잘못을 잘 견뎌내고 용서한 만큼, 신께서는 나에게도 그 사람에게도 갚아주신다.

좋게 생각하면 그 이상한 사람은 당신의 성공을 도우

려고 지금 화내고 있다. 그런 사람이 많으면 많을수록 나의 성공도 빨라질 것이다. 물론 나는 힘들겠지만, 힘든 만큼 하나님께서 공평으로 보상해주실 것이다.

종교적 관점에서 보면, 이 세상은 사후 세계를 위한 훈련과 정이다. 신께서는 모든 사람이 더 훈련을 받고 더 나은 사람이 되기를 바라신다. 그 이상한 사람이 없다면 자신의 정신수양을 할 기회도 없을 것이다. 평생 같은 수준의 행복만을 갖고 살아야 할 것이다. 만약 이상한 사건이 지속적해서 터지면 그 부분이 자신에게 가장 큰 문제이기 때문에, 사후세계를 위해 그 부분을 신께서 훈련시키고 싶어 하시는 것일 수도 있다.

브라이언 트레이시와 나폴레온 힐이 말했듯, 인생은 문제와 위기의 연속이다. 하지만 달리 보면, 모든 문제 안에는 선물이 들어있다. 그리고 선물의 크기가 크면 클수록 문제도 크게 포장돼서 온다. 사람이 그 선물(문제)을 피할 방법은 없다.

하나님께서도 이스라엘 사람들한테, 율법을 지키지 않으면 벌을 받을 것이라고 말씀하신다. 그 벌이 계속 7배씩 증가하는데, 사람은 하나님을 이길 수 없다. 심지어는 작은 귀신조차 이길 수 없다.

그러나 너희가 내게 청종치 아니하여 이 모든 명령을 준행치 아니하며, 나의 규례를 멸시하며, 마음에 나의 법도를 싫어하여 나의 모든 계명을 준행치 아니하며 나의 언약을 배반할진대, 내가 이같이 너희에게 행하리니 곧 내가 너희에게 놀라운 재앙을 내려 폐병과 열병으로 눈이 어둡고 생명이 쇠약하게 할 것이요. 너희의 파종은 헛되리니 너희의 대적이 그것을 먹을 것임이며, 내가 너희를 치리니 너희가 너희 대적에게 패할 것이요. 너희를 미워하는 자가 너희를 다스릴 것이며 너희는 쫓는 자가 없어도 도망하리라.

너희가 그렇게 되어도 내게 청종치 아니하면 너희 죄를 인하여 내가 너희를 칠배나 더 징치할지라 내가 너희의 세력을 인한 교만을 꺾고 너희 하늘로 철과 같게 하며 너희 땅으로 놋과 같게 하리니 너희 수고가 헛될지라. 땅은 그 산물을 내지 아니하고 땅의 나무는 그 열매를 맺지 아니하리라.

너희가 나를 거스려 내게 청종치 않을진대 내가 너희 죄대로 너희에게 칠배나 더 재앙을 내릴 것이라. 내가 들짐승을 너희 중에 보내리니 그것들이 너희 자녀를

공평:
쓰면
이루어질까?

움키고 너희 육축을 멸하며 너희 수효를 감소케 할지라 너희 도로가 황폐하리라.

이런 일을 당하여도 너희가 내게로 돌아오지 아니하고 나를 대항할진대, 나 곧 나도 너희에게 대항하여 너희 죄를 인하여 너희를 칠배나 더 칠지라. 내가 칼을 너희에게로 가져다가 너희의 배약한 원수를 갚을 것이며, 너희가 성읍에 모일지라도 너희 중에 염병을 보내고 너희를 대적의 손에 붙일 것이며, 내가 너희 의뢰하는 양식을 끊을 때에 열 여인이 한 화덕에서 너희 떡을 구워 저울에 달아 주리니, 너희가 먹어도 배부르지 아니 하리라.

너희가 이같이 될지라도 내게 청종치 아니하고 내게 내가 진노로 너희에게 대항하되 너희 죄를 인하여 칠배나 더 징책하리니, 너희가 아들의 고기를 먹을 것이요 딸의 고기를 먹을 것이며, 내가 너희의 산당을 헐며 너희의 태양 주상을 찍어 넘기며, 너희 시체를 파상한 우상 위에 던지고 내 마음이 너희를 싫어할 것이며, 내가 너희 성읍으로 황폐케 하고 너희 성소들로 황량케 할 것이요. 너희의 향기로운 향을 흠향치 아니하고 그 땅을 황무케 하리니, 거기 거하는 너희 대적들이

그것을 인하여 놀랄 것이며, 내가 너희를 열방 중에 흩

을 것이요. 내가 칼을 빼어 너희를 따르게 하리니, 너

희의 땅이 황무하며 너희의 성읍이 황폐하리라. 레위기

26:14~26:33

공
평:

쓰
면

이
루
어
질
까?

내 출판사를 차리기 전에, 100군데 넘는 출판사에 연락했었다. 2권의 저자인 상태에서 3번째 책을 냈을 때도 50곳이 넘게 연락을 했다. 1년가량 공을 들여 집필한 책에 답장도 오지 않는 하찮은 취급을 받을 때마다 힘들었다. 내 책이 그정도로 밖에 안 보이는가도 싶고, 출판사 측에서 최소한의 예의를 보이지 않는다고도 생각했다.

저자가 되기위해 힘든 경험을 했던것은 나뿐만이 아니다. 현재 소설가로 가장 많은 돈을 버는 사람은 바로 해리포터로 유명한 JK 롤링이다. 2017년 현재, 한해에 1000억을 번다. JK롤링도 처음부터 잘나갔던 것은 아니었다. 이혼의 아픔에서, 생계 보조비를 받아가며, 엘리펀트 하우스라는 카페에서 소설을 집필했다. 복사할 돈이 없어 낡은 타자기로 일일이 타이핑을 해야 했다. 집필 후에도 12번의 거절을 받았다. 그렇게 첫 해리포터는 220만원을 받고 출간을 했다. 영국에서도 큰 인기가 없었지만, 판권을 사간 미국에서 대박이 났다.

KFC로 유명한 커넬 샌더스 할아버지도, 6살 때 아버지를 잃고, 어머니의 재혼으로 12살에 고향을 떠난다. 막노동을 하며 모은 돈으로 레스토랑을 차리지만 1년 만에 파

산한다. 그때가 65세였다. 이후에 전국을 돌아다니며 레스토랑을 운영할 때 개발한 치킨 조리법을 팔러 다닌다. 무려 1008번이나 거절당하고, 1009번째 계약을 해서 첫번째 매장을 내게 된다.

거절당하는 이유는 나중에 더 잘되기 위해서이다. 그래야 공평하기 때문이다. 오랜 거절과 오랜 고통이 있었기에 더 크게 빛을 볼 수 있게 된다. 성공한 사람에게 물어봐라. 분명히 시작할 때 어려움이 있었을 것이다. 혹시 시작할 때 어려움이 없었다면, 사업을 진행해나가는 중에 큰 어려움이 있었을 것이다. 저주하는 것이 아니다. 세상은 공평해야 하기 때문이다. 그것을 피하는 유일한 방법은 남에게 베푸는 것이다. 이에 대한 내용은 다음 장에서 설명하겠다.

　혹시 지금 고통받고 있다면, 계속 거절당하고 있다면, 앞으로 더 잘되기 위해서이다. 혹시라도 그 분야에서 더 잘되지 못한다면, 자신에게 더 잘 맞는 다른 분야에서 크게 잘될 것이다. 결과가 좋지 않더라도, 세상에 쓸데없는 노력은 없다. 자신의 잘못이 아니라면, 더 좋은 직업을 가지려고 그런 것이고, 차였다면 더 좋은 사람을 만나기 위해서이다.

공평: 쓰면 이루어질까?

집필, 디자인은 오래 해서 어떻게 하는지 잘 안다. 하지만 마케팅과 사업은 해본 적이 없어서 어려웠다. 책은 한 권 한 권이 새로운 사업 같아서, 한 권의 성공이 다른 책의 성공으로 이어지기는 어렵다.

그래서 마케팅과 사업 관련 책들을 많이 봤다. 그리고 사업을 위해서 내가 할 수 있는 것들을 모두 써봤다. 약 30개가량 됐다. 그리고 그중에서 실행에 옮길 수 있는 것들은 대부분 했다. 비슷한 방법으로 꿈(목표)을 이루는 법을 브라이언 트레이시의 설명을 기초로 적어보면,

1   자신이 이루고 싶은 것 10개를 종이에 쓴다.

2   지금 당장 이루어진다면 인생이 가장 크게 바뀔 것을 하나를 고르고, 그것을 이루기 위해 할 일들을 모두 적는다. 필요한 물건, 필요한 시간, 배워야 할 것 등. 많으면 많을수록 좋다. 나중에 생각나면 또 적어도 좋다.

3   할 일들의 '마감 기한'을 적는다. 물론 마감 기한이 나중에 바뀔 수도 있다.

4   우선순위를 정해서 먼저 해야할 일을 뽑는다.

5	매일 하루도 빼먹지 않고, 30분이라도 목표와 관련된 일을 해야 한다. 그러다 보면 시기가 문제지 언젠가는 그 일을 이루게 된다.

이 외에 추가한다면, 남들이 해냈으니 나도 해낼 수 있다고 믿는 것이다. 현재 최고에 있는 사람도 시작할 때는 가장 못하는 사람이었다. 그리고 모든 사람에게는 하루 24시간 같은 시간이 주어졌고, 눈 2개, 팔 2개, 손가락 10개로 조건은 같다. 머리가 부족한 것 역시 시간이 조금 더 걸릴 뿐 큰 핸디캡이라고 할 수는 없다.

하나 더 추가한다면, 다른 사람이 꿈을 이룰 수 있도록 돕는 것이다. 훌륭한 작곡가들 대부분은, 처음에는 남을 위한 곡을 쓴다. 남의 꿈을 이룰 수 있도록 충분히 도운 다음에, 그것을 기반으로 자신의 음악을 하는 경우가 많다.

남의 꿈이 이루어질 수 있도록 돕는데 자신의 꿈이 이루어지지 않으면 공평한 것이 아니다. 남의 사랑이 이루어지도록 돕는데 자신의 사랑이 이루어지지 않는다면 공평한 것이 아니다. 남이 돈 벌 수 있도록 해주는데 자신이 돈 벌지 못한다면 역시 공평한 것이 아니다. 남이 집을 가질 수

있도록 하는데 자신이 집이 없다면 공평한 것이 아니다. 남이 가질 수 있도록 돕는다면, 당장은 아니더라도 시기가 문제지 더 좋은 꿈의 성취, 사랑과 돈, 집이 생길 것이다.

그래서 예수께서는 받고 싶은 대로 줘라 마태복음 7:12, 5리를 가고자 하는 사람에게 10리를 가줘라, 겉옷을 가지고자 하는 사람에게 속옷도 줘라, 왼뺨을 때린 사람에게 오른뺨도 대라 마태복음 5:39~40 라고 하셨다. 그게 상대방을 위해서 그런 것일까? 그 일을 하는 본인을 위해서 그러셨다고 생각한다. 👑

운과 행복을

키우는 비실

TOP 7

운:

운과 행복을 키우는 비결

10대의 나는 마음만 먹으면 뭐든지 할 수 있다고 믿었다. 실제로 그렇게 해냈다. 어디를 가든 상위권에 있었다.

20대가 돼서, 연애와 음악에서 무참히 깨진 뒤에, 세상에 마음먹은 대로 되는 일은 하나도 없다고 생각했다. 내가 노력으로 바꿀 수 있는 부분이 10%라면 나머지 90%는 '운'이라고 느꼈다.

혹시 내가 '노력을 안 하는 사람이어서'라고 생각할지도 모르겠다. 그런데 나와 함께 일해본 사람은 절대 그렇게 말하지 않을 것이다. 내 체력이 안돼서 못 할지언정 정말 끝없이 쉬지 않고 일한다. 현재 출판사를 하면서 하는 일의 양은 보통 사람들의 3배 이상이다.

신림동 고시촌에는 이런 말이 내려온다 머리 좋은 사람은 노력하는 사람을 못 이기고, 노력하는 사람은 운이 좋은 사람을 못 이기고, 운 좋은 사람은 방금 본 사람을 못 이긴다.

시험이다 보니 '방금 본 사람'이 '운 좋은 사람'보다 위에 있었지만, 이만큼 머리나 노력보다 '운'이 중요하다.

앞서 소개했던 <좋은 기업을 넘어 위대한 기업으로>에서 보면, 위대한 기업으로 만든 회사의 대표들은 인터뷰에서 '운을 많이 거론했다'라고 한다. 사업을 하다 보면 내가 해낼 수 있는 부분은 생각만큼 많지 않다. 어느 것 하나만 잘못돼도 완전히 망할 수 있는데, 그런 것들이 잘 맞물려서 하나의 성공을 만들어 내는 것을 보면, 정말 '운'이 중요하다.

'운'을 통제할 수 있다고 생각한다. 공평의 원리에 따라 남에게 '운'을 베풀면 된다. 그리고 '운'을 통제하는 사람의 마음에 들면 된다. 쉽게 말하면, 남에게 기부하고, '운'을 통제하시는 하나님 말씀을 지키는 것이다(p.338).

오랫동안 부를 유지하는 사람들을 보면, 대부분 꾸준히 기부하는 경우가 많다. 기부가 정말 의미가 있을까? 기부하면 정말 그 이상으로 돌아올까?

5년 전, 10년 전에 당신의 월급은 얼마였나? 분명히 지금보다 적었을 것이다. 물가보다 적게 오른 분도 일부 있겠지만, 적어도 그때 보다 더 많은 물건을 갖고 더 풍족하게 살 고 있을 것이다. 그런데도 자신의 행복 수준은 5년 전, 10년 전에 비해서 나아진 게 없는 경우가 많다.

월급이 오르면, 월급이 오른 순간에는 기쁘다. 하지만 몇 달만 지나면 월급이 오르기 전과 비슷해진다. 결국 사람들은 조금 더 행복했다, 불행했다를 반복하면서 살아간다. 하지만 그 평균을 내면 거의 변하지 않고 일정 수준의 행복만을 느낄 뿐이다.

사람은 변하지 않는 동물이다. 변할 정도의 심한 충격이나 고통이 발생했을 때만 변하려고 한다. 그런 충격이란 병에 걸린다든지, 누가 죽는다든지 하는 것들이다.

공평의 원리에 따라서, 행복의 수준이 올라가려면, 이유 없는 고통을 옳게 이겨내거나 남에게 행복을 줘야 한다. 다시 말해 남이 주는 고통을 되돌려주지 않고 옳게 이겨내거나, 남을 위해 봉사하는 것이다. 돈을 받고 하더라도 돈 이상의 큰 가치를 준다면, 그만큼 자신의 행복이 커진다.

당신의 잘못이 아닌데도 뒤집어 씌우거나 해코지 하는 경우가 있다. 사소한 트집을 잡아서 큰 것으로 꾸며내기도 한다. 이런 고통은 내가 더 잘되기 위한 것들이다. 나를 더 수련하기 위한 좋은 계기가 된다. 이렇게 짜증나는 상황에서도 잘 참고 이겨내면 나의 행복 수준이 올라간다. 나에게 나쁘게 구는 사람은 나의 행복을 위해 존재하는 것이다.

고통을 이겨내는 것보다 남을 행복하게 만드는 것이 쉽지만, 누구나 자신을 챙기기에도 바빠서 남을 신경쓸 여유가 없다. 그럼에도 예수께서는 네 이웃을 사랑하라 요한복음 13:34 고 하셨다. 네 이웃을 사랑한다고 예수님께 득이 되는 것은 없다. 그렇다고 네 이웃이 사랑받고 행복해지라고 그 말씀을 하셨을까? 결국 남에게 베푼 사랑 이상으로 네가 받게 될 것이기 때문이라고 생각한다. 사도 바울께서는 주는 것이 받는 것보다 복이 있다 사도행전 20:35 고 하셨다.

성경에 비춰보면, 진정한 나를 발견할 때 행복해지는 것이 아니다. 진정한 나를 포기하고 남을 위해 희생할 때 행복해진다. 그 본보기로 예수께서 자신의 목숨을 버리고 사람들을 위해 희생하신 것이다.

6살 때 아버지께서 오락실을 시작하셨다. 친구들은 내가 오락실 집 아들이라는 것을 무척 부러워했다. 새로 나온 게임이 있으면 나와 동생에게 실컷 시켜주고는 의견을 물어보셨다. 그 당시에 나온 대부분의 게임을 해봤는데, 재미있는 게임 중에 <던전 앤 드래곤 2>가 있다. 그 게임에서 가장 강한 칼은 '저주받은 검'인데, 그 검을 휘두르면 독 충격이 생겨서 휘두를 수 없다. 유일하게 독 충격을 받지 않는 방법은 뒤로 점프하면서 휘두르는 것이다. 그 저주를 풀려면 54번 이상을 휘둘러야 한다.

나는 모든 돈이 이 칼처럼 일종의 저주를 받았다고 느낀다. 돈을 쓸수록 나에게는 해가 된다. 그 저주를 풀려면 일정 금액을 기부해야 한다. 기부하고 나면 저주가 풀리고, 내게 도움이 되는 돈으로 바뀐다. 그 돈을 쓴 이후에도 그 돈 이상이 돌아오게 바뀐다.

기부하는 사람은 남을 위해 기부한다고 하지만, 알고 보면 마음이 따뜻해지는 것은 차치하더라도, 본인이 더 많은 이득을 갖게 된다. 인과관계가 뚜렷하게 보이는 것이 아니기에 그게 사실인지는 믿거나 말거나이다. 다만 성공학 관련한 대부분의 책에서 기부는 더 큰 부를 가져온다고 말하고 있고, 인간 이상의 성취를 얻은 모든 사람들도 그렇게 이야기하고 있다. 한번 실천해보고, 사실인지 아닌지 느껴봤으면 좋겠다.

여호와(성경의 하나님)께서는 기부한 만큼 들어오는 것이 사실인지 시험해보라고 하셨다. 만군의 여호와가 이르노라. 너희의 온전한 십일조를 창고에 들여 나의 집에 양식이 있게 하고, 그것으로 나를 시험하여 내가 하늘 문을 열고 너희에게 복을 쌓을 곳이 없도록 붓지 아니하나 보라. 말라기 3장 10절

　　무하마드(코란의 선지자)께서는 기부가 얼마만큼의 대가를 가져오는지도 말한다. 선을 실천한 자에게는 열 배의 보상이 있으며 사악한 짓을 행한 그에게는 그와 같은 것 외에 다른 것이 보상되지 아니하니 어느 누구도 부정한 대우를 받지 아니하노라

　　이외수 씨(소설가)도 기부가 운을 높인다고 말했다. 운이 꼬일 때가 있다. 그럴 때는 하는 일마다 실패를 초래한다. 하지만 헤어나는 방법이 있다. 일부러 어려운 사람들을 찾아다니면서 무조건 베풀어라. 그러면 거짓말처럼 모든 일

이 잘 풀리게 된다 하악하악 p.212.

예수께서는 어떻게 기부해야 하는지 말씀하셨다. 너는 구제할 때에 오른손의 하는 것을 왼손이 모르게 하여 네 구제함이 은밀하게 하라. 은밀한 중에 보시는 너의 아버지가 갚으시리라. 또 너희가 기도할 때에 외식하는 자와 같이 되지 말라. 저희는 사람에게 보이려고 회당과 큰거리 어귀에 서서 기도하기를 좋아하느니라. 내가 진실로 너희에게 이르노니 저희는 자기 상을 이미 받았느니라. 너는 기도할 때에 네 골방에 들어가 문을 닫고 은밀한 중에 계신 네 아버지께 기도하라. 은밀한 중에 보시는 네 아버지께서 갚으시리라. 마태복음 6:4~6

부처께서는 무엇을 기부할지를 말씀하셨다. 큰 힘을 얻고자 한다면 음식을 나누어 주라. 단정한 얼굴을 얻고자 한다면 의복을 나누어 주라. 안락을 바란다면 수레를 보시하고, 밝은 눈을 얻고자 한다면 등불을 보시하라. 아울러 진리를 중생에게 가르쳐 주면 그것이야말로 보시 중에서도 가장 훌륭한 보시라 할 것이다. 잡아함 36권 998경

명예를 얻고자 한다면 계율을 지키시오. 재물을 얻고자 하면 보시를 행하시오. 덕망이 높아지고자 한다면 진실한 삶을 살고, 좋은 벗을 얻고자 한다면 먼저 은혜를 베푸시오.

그리고 부처께서는 가진 것이 없다면, 정다운 얼굴로 맞이하고, 칭찬의 말을 건네고, 부드러운 눈으로 바라보고, 상대의 마음을 헤아려주고, 짐을 들어주고, 자리를 비켜주라. 이것들이 습관이 되면 행복이 따르리라라고 하셨다. 넓게는 자신이 현재 하는 일을 최선을 다하는 것도 기부라고 생각한다. 얼마를 받고 일하든 그 결과로 세상을 윤택하게 하는 것이기 때문이다.

왜 기부하면 더 많은 이득이 생길까? 이전에 말했듯, 모든 것이 하나님께 빌린 것이라면, 기부는 빌린것을 더 옳게 썼다고 증명하는 것이다. 더 옳게 쓸수록 더 많은 것을 관리할 기회를 주신다.

내 힘으로 발전할 수 있는 것은 아무리 노력해도 한계가 있다. 하지만 하나님께서 도와주신다면 그 가능성은 무한하다. 내가 안식일(토요일)을 비롯해서 하나님 말씀을 지키려고 노력하고, 십일조를 내는 것은 그 이상으로 하나님께서 나를 도와주신다는 것을 믿기 때문이다.

운과 행복을 키우는 비결

운이란 남에게 베푼 사랑을 신께서 보답하시는 것이다. 가난한 사람들에게 베푸는 것만 사랑이 아니다. 가깝게는 부모님, 자식, 친구들, 심지어 처음 보는 동물에게조차 대상이 누구든 '조건 없이' 사랑을 베풀었다면, 역시 신께서도 '조건 없이' 운을 베풀어 주신다. 그래야 공평하기 때문이다.

가장 쉽게 베풀 수 있는 것은, 내가 현재 하는 일을 좀 더 제대로 열심히 하는 것이다. 5천 원을 받고 5천 원어치만 일했다면, 베푼 게 없다. 하지만 5천원 이상이라면, 5천원이 넘는 잉여금은 신께서 '운으로써' 갚아 주신다. 물론 당장 갚아주시지는 않기 때문에 사람이 느끼기는 어렵다.

브라이언 트레이시와 앤드류 카네기에 따르면, 100만달러 이상 재산을 축적한 사람을 수천 명 인터뷰 결과, 자신의 성공은 지급받은 보수보다 더 많이 일한 결과라는 것이다. 그들은 직장 생활을 처음 시작할 때부터 항상 받는 것보다 더 많은 것을 쏟아붓는 습관을 들였다.라고 한다.

반대로 생각하면, 자신이 남에게 베푼 게 없는데도 운이 좋아서 잘된 경우도 있다. 이렇게 신께서 먼저 베풀어 주셨다면, 그에 대한 감사의 뜻으로 자신도 베풀어야 한다. 감사하지 않다면 언젠가는 신께서 그것을 빼앗아 가신다. 그래야 감사할만한 일이라는 것을 깨닫기 때문이다. 아마도 신께서는 그것이 당신에게 꼭 필요하고, 그것을 잘 활용하면 당신의 인생이 훨씬 잘 될 것이라는 것을 알고 주신 것이다.

혹시라도 이유 없이 잘됐다면, 언젠가 이유 없이 시련이 올 확률이 크다. 남들이 힘들게 얻는 것들을 쉽게 얻는다면, 어느 순간에는 남보다 열심히 해도 얻지 못 하는 일도 생긴다. 그래야 공평하기 때문이다.

강한 의지를 갖지 않는 이상 남을 위해 돈을 쓰기는 정말 어렵다. 자신이 과거에 가난했을지라도, 부자가 되면 과거의 힘들었던 자신에게 공감하지 못한다. 자신의 일에 공감할지언정 남은 전혀 다르게 생각한다. 남이 하루를 굶든 상관없지만, 당장 갖고싶은 10억짜리 차는 사야 한다.

돈이 많다고 기부할 수 있는 것이 아니다. 오히려 돈이 많아진 만큼 욕심도 많아져서 기부하기 어려워질 수 있다. 기부 안 하던 사람이 갑자기 기부하게 바뀌기는 어렵다. 사람은, 특히 성인은 바뀌기 힘들다. 바뀌려면 그만큼 큰 계기가 있는 경우가 많다. 예를 들어, 자신이 크게 아파서 자신

의 인생을 되돌아보고, 이후에 남을 위해 살 수도 있다.

　　꽤 효과적인 기부하는 방법은 기부하고 싶은 최소한의 선을 긋고, 그 선을 지키려고 노력하는 것이다. 예를 들어, 수입의 1%는 꼭 기부하겠다고 정했다면, 어떻게든 그만큼은 기부하는 것이다.

불법을 버리는 법

성경에서 말하는 것 말고도 양심에 거리끼는 것들이 많다. 예를 들면, 결혼하고 프리랜서 디자인을 처음 할 때였다. 하루에 약 5만 원 받는 이 알바 저 알바를 전전하며 디자인 일이 들어오면 하곤 했다. 디자인 일을 받으려고 출판 관련 커뮤니티에 글을 올리고, 많은 출판사에 메일로 포트폴리오를 보냈다. 그렇게 열심히 해도 디자인 일이 많지 않아서 아내에게 주는 돈이 매달 100만원 조금 넘었다. 디자인하려면 어도비 프로그램이 필요한데 그 가격이 약 2~3백만원이다. 그 때는 프로그램을 살 돈이 없었다. 하지만 불법 프로그램으로 돈을 번다는 것이 양심에 걸렸다.

어도비에서도 개인은 단속해봤자 돈이 별로 안되니 단속을 안 하는 것으로 알고 있고, 폰트 회사들도 개인을 찌르는 경우는 아주 드물다. 소송까지 간 경우는 없는 것으로 알고 있다. 그때 내 자신과의 약속은 집이나 차를 사기 전에 불법 프로그램부터 모두 정품을 구입하는 것이었다.

집이나 차를 살 만큼의 여유가 되면서도 불법 프로그램을 쓰는 것은 말도 안되는 일이라고 생각했다. 그래서 집값의 80%를 빚을 지면서 가까스로 집을 샀지만, 집 사기 전에 불법 프로그램 먼저 다 정품을 샀다.

양심에 꺼리는 일이지만 당장 끊을 수 없는 것이 있다면 기한을 정해야 한다. 언제, 어떤 상황이 되면 그 일을 절대 하지 않겠다고 다짐해야 한다. 가능하면 그때를 종이에 써야 한다. 그리고 그때가 돼서 약속을 지키면 스스로 떳떳해질 수 있다. 사람이 100% 옳은 일만 할 수는 없지만, 적어도 옳게 살려고 노력은 해야 한다.

성경에서 문둥병을 치료받은 나아만 장군은 앞으로 하나님 말씀대로 살기로 결심한다, 다만, 오직 한가지 일이 있사오니 여호와께서 당신의 종을 사유하시기를 원하나이다 곧 내 주인께서 림몬의 당에 들어가 거기서 숭배하며 내 손을 의지하시매 내가 림몬의 당에서 몸을 굽히오니 내가 림몬의 당에서 몸을 굽힐 때에 여호와께서 이 일에 대하여 당신의 종을 사유하시기를 원하나이다. 엘리사가 가로되 너는 평안히 가라 열왕기하 5:18-19

성경을 예로 들었지만, 성경을 떠나서도 자신의 양심에 거리끼는 일은 하지 말아야 한다. 완벽은 불가능 하지만 나아만 장군처럼 적어도 노력은 해야 한다.

내가 하는 기부

여느 날과 같이 맥도날드의 빅맥을 가장 좋아해서 먹고 있었다. 그런데 누추한 옷을 입은 여자가 들어와서 두리번거리더니 옆 테이블의 먹다 남은 2잔의 음료수를 보고 더듬거리는 목소리로 혹시 거기 자리 있는 것인가요?라고 묻길래 아니요. 잘 모르겠다고 대답했다.

잠시 뒤에 여자가 내게 오더니 옆 테이블에 있는 음료수를 먹어도 되냐고 묻길래 잘 모르겠다고 그랬는데, 거리낌 없이 마시는 것을 보고 부랑자인 것을 알았다. 나이는 20대 후반 정도?

내가 햄버거를 먹는 동안 말벗이 되어 주었는데, 부모님은 이혼했고, 동거하던 남자친구와 헤어졌는데, 그 남자친구가 자신의 카드와 신분증 등을 갖고 갔다고 했다. 경찰서에 가보라고 권했는데 경찰을 무서워했다. 돈으로 주면 좋지 않은데 쓸 것 같아서 햄버거 세트를 하나 사서 줬다.

거리의 노숙자에게 돈을 주면 왠지 밥보다 술을 사 먹을 것 같은 생각이 든다. 이처럼 기부하면 나쁜 곳에 쓸것 같아서 기부하지 못하는 분들도 있다. 물론 나쁜 곳에 쓸 것이 분명하다면 주지 말아야 한다. 그렇지 않다면, 그 사람이 나쁜 곳에 썼을지라도 주는 사람은 옳은 의도로 줬기 때문에 옳다고 봐야 한다. 그런 걱정을 하면 어떤 일도 할 수 없다.

가끔 걱정된다. 내가 기부를 안 하면 언젠가는 자기 일을 할 사람인데, 내가 기부를 하므로 평생 구걸만 하고 사는 것은 아닐까. 젊고 능력이 있는 사람이면 몰라도, 나이가 많거나 장애가 있는 사람들은 자기 일을 해도 분명히 한계는 있다. 나라에서 주는 돈도 충분하지는 않다.

거지들이 일반 사람들보다 많이 버는 사람도 있다고 비난하는데, 나는 돈을 아무리 많이 준다고 하더라도 자존심을 팔면서까지 살고 싶지는 않다.

어떤 사람은 남한테 보이려고 기부했다고 비난한다. 이렇게 비난하는 사람들이 있는데도 불구하고 기부하는 것은 남한테 보이려고 하는 것이 아니다. 혹시 남한테 보이려고 했을지언정 기부는 절대 나쁜 것이 아니다. 비난하는 사람치고 땡전 한 푼 기부해 본 적 없는 경우가 많다.

얼마만큼 기부해야 옳은지에 대해 성경에서는 십일조(소득의 10분의 일을 내는 것) 외에 3년에 한번 가난한 사람들을 위한 십일조를 내라고 한다(제 삼년 곧 십일조를 드리는 해에 네 모든 소산의 십일조 다 내기를 마친 후에 그것을 레위인과 객과 고아와 과부에게 주어서 네 성문 안에서 먹어 배부르게 하라 신명기 26:12). 아마도 소득의 3.4%가 세상에서 굶주리는 모든 사람을 없앨 수 있는 최소의 단위는 아닐까? 나는 혹시 내 욕심 때문에 3년에 한번 또 10분의 1을 낼 자신이 없어서 애초에 13.4%를 십일조로 기부한다.

그리고 이 책의 독자들의 꿈을 이뤄주고 싶다. 예수께서 오른손이 한 일을 왼손이 모르게 하라고 하셨지만, 알려야 신청을 할 수 있으므로 이렇게 책에 쓴다. <돈꿈사> 판매금액의 절반을 돈이 없어서 꿈을 못 이루는 사람들을 위해 쓸 것이다. 이 책을 집필하기 전에 아내에게 허락을 받았다.

메일 iminia@naver.com 으로 자세한 사정과 원하는 금액(혹은 상품)을 말하면 들어줄 수도 있다. 이메일을 제외한 자신의 이름이나 연락처는 밝히지 말아주길 바란다. 모든 메일에 다 답장할 수 없으니, 10일 내에 답장이 없으면 미안하지만 거절당한 것으로 여기면 된다. 밑져야 본전. 나라면 메일을 보낸다.

책 가격은 만 원 안팎이다. 출판사에서는 서점에 60~70%에 공급한다. 만 원짜리 책이 서점에 권당 6천원에 들어간다면, 그중 1,000원은 저자 인세, 2,000원은 편집과 마케팅, 500원은 물류비, 1,500원은 제작비, 나머지 천원이 순수익이다. 물론 책값이 평균 15,000원이므로 3천 원의 수익이 더 발생하지만, 월세와 마케팅 비용을 생각하면 이 역시 남는 돈이라고 하기 어렵다.

나는 기획, 집필, 편집, 디자인, 마케팅까지 혼자서 다 하기 때문에 책이 나오는 횟수는 조금 적어도 책으로 먹고 살고 있다. 하지만 대부분의 출판사는 지출이 많기 때문에, 요새같은 불황에는 힘들다.

돈을 보고 내는 책들도 있지만, 출간된 책들의 절반 이상은 돈이 아니라 '가치'를 보고 책을 낸다. 동화 책을 통해 떼돈을 벌려고 하는 것이 아니다. 그 책을 읽고 기뻐하는 아이들을 생각하며 책을 내는 것이다. 이것 역시 나는 기부라고 생각한다.

내 책을 사는 분들은 나를 후원해 주시는 것으로 생각한다. 내가 다른 곳에 돈 버느라 신경 쓰지 않고, 더 좋은 책을 집필할 수 있는 시간을 주시는 것이다. 진심으로 감사드린다. 그 덕분에 독자분들은 자신의 시간을 절약할 수 있는 새로운 책을 볼 수 있다. 나 역시 내 일에 사명감과 사랑을 갖고 있고, 독자분들 역시 마이클리시 책에 애정이 있다. 감히 말한다면, 1,000부가량은 '마이클리시'라는 이름만 보고 책의 내용을 보지도 않고 사는 분들이라고 생각한다.

돈을 벌기 위해 했지만, 그 안에 사랑을 담았다면, 역시 그만한 사랑이 되돌아온다. 세상의 모든 제품의 이면에는 사랑이 담겨있다고 생각한다. 라면을 직접 만들어 먹는다고 한다면, 야채를 다듬고 면을 삶고 하는 과정에서 많은 시간을 빼앗길 것이다. 과자 역시 튀기고 하는 과정이 만만치 않다. 사랑이 담겨있지 않을지언정, 세상에 베푸는 가치의 크기가 클수록, 더 많은 가치가 나에게 돌아온다.

그 사랑을 고맙게 여기지 않고, 고객을 속이는 회사들도 있다. 그런 회사들을 하나님께서 가만 놔두실까? 그런 사실을 고객이 알면 그 회사 제품을 사 먹지 않을 것이다. 고객이 모르고 지나갔더라도 진심으로 그 일에 사명감이 있는 기업이 나타나면 그 기업 앞에서 무너지게 될 것이다.

사업

4차 산업혁명과

사업의 기술

TOP 8

사업: 4차 산업혁명과 사업의 기술

4차 산업혁명 시대에는 전혀 달라 보이는 것들이 결합한다. 실제로 그렇기도 하고, 정부 차원에서, 언론에서 공개적으로 띄우는 것도 있고, IT 업종과 관련이 있기 때문에 더 빠르게 확산된 경향이 있다. 이 이야기가 퍼져나갈 수록 IT 업종에는 이득이 되기 때문이다.

나는 한국 사회가 4차 산업 혁명에서 살아남을 수 있으리라 믿는다. 한국어 자체가 '결합'해야 문자가 되는 언어이다. 게다가 한국인의 국민성이 '빨리빨리'를 선호하기 때문에 세상에서 가장 빠르게 발전했고, 현재 가장 빠르게 변화하고 있고, 앞으로도 계속 빠르게 발전하리라 믿는다. 어떤 변화가 오더라도 받아들일 준비가 되어있다.

심지어 한국 사람들 안에 변화 DNA가 있다고 생각된다. 그런 데에는 4계절이 뚜렷한 이유도 있다. 아무리 춥고, 더운 나라에 가서도 잘 생존한다. 한국의 교육열과 대학 입시 경쟁 때문에 상대적으로 쉬운 세계 유명 대학에서 휩쓸고 있다.

IT뿐 아니라, 정신력과 기교가 중시되는 골프, 양궁, 피겨스케이팅, 야구 등 스포츠 종목에서도 최고에 속해있다. 물론 아시아인의 타고 난 체형의 한계 때문에 수영 등 어쩔 수 없는 종목도 있다.

전국적으로 배달과 택배가 퍼져있고, 오후 4시까지 책을 주문하면 당일 저녁에 책을 받을 수 있다. 전국 어디서나 저녁 12시에도 각종 치킨을 배달시켜 먹을 수 있는 곳이 한국 말고 세상에 어디 또 있을까?

문화의 속성상 고급문화가 덜 발전된 문화로 내려가기는 해도 덜 발전된 문화가 고급문화로 올라가기는 쉽지 않다. 그런데도 음악은 일본을 넘어섰다. 한국 가수가 일본에 진출하는 경우는 많아도, 일본에서 한국으로 진출하는 경우는 거의 없다. 현재 중국, 동남아 등에서는 한국 음악이 휩쓸고 있지만, 머지않아 서양권에서도 잘 나가리라 믿는다.

책의 인쇄술이나 제작 기술은 부족하지만, 디자인의 퀄리티만 보면 일본이나 서양권 디자이너보다 우수하다. 한국의 디자이너들이 외국에서 일하는 일은 점점 많아질 것이고, 외국의 디자이너들이 한국에서 일하는 일은 점점 줄어들 것이다. 물론 맨디니 등 자신만의 확고한 색깔이 있는 몇몇 디자이너들을 제외하고는 말이다.

만화도 만화 문화가 발달한 일본을 뛰어넘을 것이다.

인터넷의 발달로 컴퓨터로 만화 보는 것이 편한데에다가, 몇몇 정형화된 소재를 넘어 새로운 소재들도 등장하고 있다. 예를 들어, 미생이라는 만화는 바둑과 직장생활의 접목이다. 물론 애니메이션을 보면 외국에 비해 한참 멀었다. 이 부분도 한국만의 감성으로 비집고 들어갈 곳은 있다고 생각한다.

새로운 결합을 위해서는 새로운 시도를 해야 한다. 새로운 시도를 하려면 많은 시도를 한 뒤에, 그 모든 것을 버리고 밑바닥부터 다시 쌓아 올려야 한다. 기술을 개발하고 그 기술에 기능을 맞추는 시대는 끝났다. 철저하게 사용자 중심으로 '무엇이 필요한지'에 맞춰서 기술을 개발해야 한다. 기능에 디자인을 씌우는것이 아니라, 디자인에 기능을 넣는 방식으로 제품이 된다. 그러려면 '이공계'학생이 제품을 개발하는 것이 아니라, '인문계'나, 더 나아가 '예체능계' 학생이 제품을 개발해야 한다.

　　4차산업혁명은 '무화과' 같다. 무화과는 꽃이 없다. 대신 꽃이 열매처럼 안쪽으로 핀다. 게다가 그 꽃이 '과일' 역할까지 한다. 만약 무화과를 개발하면, 처음부터 무화과를 생각해낼 수는 없다. 꽃의 기본 역할에 맞춰 '시각적인 부분'의 아름다움만 생각하다 보면, 먹을 수 있는 '기능'을 떠올리기는 어렵다. 수많은 꽃을 만들어보고, 이후에야 전혀 새로운 꽃을 개발할 수 있다. 이처럼 반복된 실패와 작업이 새로운 것을 만들어 낼 수 있는 '창의력'으로 연결된다.

내 책 역시 내 출판사를 차리기 전에 3권의 책을 냈고, 3권의 책이 모두 망했다. 그 책이 당시에 내가 생각한 '가장 빠르게 영어를 익힐 방법'이라는 것은 맞다. 다만 '독자 스스로 끝까지 읽을 수 있는 책'은 아니었던 것이다. 독자에게 필요한 것은 '영어 공부'이 아니라 '영어 공부를 하게끔 하는 것'이었다.

3권이 망해서 다행이라고 생각한다. 만약 내 돈 들여서 그 책을 출간했다면, 적어도 3천만 원에서 1억 원가량은 썼을 것이다. 그 돈 이상으로 시간을 썼을 것이고, 스스로 발전도 크게 없었을 것이다. 다른 출판사에서 출간할 수 있었기에 내 책을 더 좋게 발전시킬 수 있었다. 책이 망하고도 금전적인 손해는 크게 없었다.

이후에는 독자 스스로 끝까지 읽을 수 있게 하려고 전혀 달라보이는 다양한 것들을 결합했다. 여행 영어와 여행 에세이의 결합<8문장으로 끝내는 유럽여행 영어회화>.

영화명대사와 문법패턴의 결합<4시간에 끝내는 영화영작>, 연설문과 받아쓰기의 결합<TOP10 연설문>, 다이어리와 영어명언의 결합<영어명언 다이어리 2018> 등.

　　나만 선행학습을 못 해서 영어 공부 때문에 고생이 많았다. 20년간 가장 빠르게 영어를 배우는 방법을 찾아 수백명에게 물어보고 실행에 옮겼다. 그 내용을 <돈꿈사>에 담기에는 내용이 많아서 <TOP10 영어공부>을 출간했다.

비슷한 물건, 더 좋은 물건으로는 이제 살아남지 못한다. 이미 다른 물건으로 필요를 만족하고 있기 때문이다. 비슷한 물건으로 고객의 마음에 들어가기에는 많은 마케팅 비용이 생기고, 개발비도 견뎌내기 힘들 수 있다. 성공하더라도 오래갈 수 없다. 결국 새로운 니즈를 파악해서 완전히 새로운 물건을 만들어야 한다.

　　창업하는데 꼭 읽었으면 하는 책으로 <보랏빛 소가 온다>가 있다. 차를 타고 가다가 일반적인 소를 보면 사람들은 무시하지만, '보라색 소'를 보면, 옆사람에게 저것 좀 봐봐라고 할 것이다. 처음 본 혁신적인 물건은 마치 '보랏빛 소'와 같다.

　　더 많이 고민해야 살아남을 수 있는 시대가 됐다. 반

면에 돈이 없어도 성공할 수 있는 시대이다. 과거에는 돈으로 마케팅을 하고 돈만 있으면 뭐든 팔 수 있는 시대였지만, 이제는 돈이 있어도 성공할 수 없다. 사람들은 더이상 광고에는 흥미를 느끼지 못한다. 반면에 돈이 없어도 좋은 생각이 있으면 돈을 지원해줄 곳은 널려 있다. 그리고 진실성이 담긴 블로그의 글, 영상 하나가 TV광고보다 파급력이 높다.

나는 무엇을 원하는가?

돈을 버는 것은 상대방이 원하는 것을 주는 것이다. 상대방이 원하는 것을 주려면 '내가 원하는 것'을 먼저 알아야만 한다. 하지만 대부분의 사람들은 자신이 원하는 것이 아니라, 상대방을 통해 자신이 원하는 것을 결정하곤 해서 평생 방황한다.

친구가 대기업에 들어가니, 나도 대기업에 들어가고 싶고, 친구가 차를 샀으니 나도 차를 사고 싶다. 친구가 월에 400만 원을 버니, 나도 400만 원 이상은 벌고 싶다. 친구가 24평에 사니, 나도 20평쯤에는 살고 싶다. 이렇게 주변의 더 좋아 보이는 사람을 기준으로 삼아 자기 삶의 목표로 결정한다.

주변을 신경 쓰면 평생 행복할 수 없다. 대기업에 들어가는 것이 아니라, 어떤 일을 하고 싶은지가 중요하다. 자신이 가장 싫어하는 것이 컴퓨터 작업하는 것인데, 대기업에 들어가서 하루종일 컴퓨터 일을 하라고 하면 할 수 있을까?

평생 비교당하고, 비교하며 살기 때문에, 자신이 진정으로 무엇을 원하는지는 잘 모른다. 남들에게 보여주기는 멋지지만 자신이 하기 싫은 일을 하다보면, 그 일을 정말 싫어한다는 것을 수년이 지나서 깨닫고 다른 일을 찾는다. 그렇게 방황하면 20대는 기본, 30대 40대도 훌쩍 지나간다.

성공한 사람들은 시간이 많아서 성공한 것이 아니다. 아인
슈타인도, 베토벤도, 에디슨도 하루에 가진 시간은 24시간
뿐이다. 다만, 일찍 자신이 진정으로 원하는 것을 찾고 그 일
에만 집중했을 뿐이다.

사람들에게 물어봐도 그 사람들이 진정으로 원하는
것을 듣기란 쉽지 않다. 대부분은 원하는 것을 정확히 모르
기 때문이다. 먼저 내가 진정으로 원하는 것을 찾아야 한다.
그것을 상대방도 원할 확률이 높다. 어차피 아무리 좋은 것
을 제공한다고 해도 모든 사람을 만족시킬 수는 없다.

엔니오 모리꼬네(영화음악가)가 트롯트를 작곡할 수
있을까? 아니면 박진영에게 클래식을, 정재형에게 헤비메
탈을 작곡시키는 것은 어떨까? (세분을 깎아내리려는 생각
은 없다. 세 분 다 내가 정말 좋아하는 음악가이다) 물론 가
능은 하지만, 클래식 정장에 군화를 신은 것처럼 어색할 것
이다.

모든 사람은 각자에게 어울리게 만들어졌다. 외부적
인 자극에는 관심을 끄고, 자신이 진정으로 원하는 것에만

초점을 맞춰보자. 더 맛있는 요리를 연구하는데 관심이 많다면, 일류 요리사가 될 수 있을 것이다.

편하고 쉽게 먹을 수 있는 데에 관심이 많다면, 가공식품을 유통하거나 프랜차이즈 사업을 할 것이다. 보통 식품을 유통하는 쪽(프랜차이즈 사업)이 일류 요리사보다 돈을 많이 번다. 하지만 어느 쪽이 더 행복하거나 성공한 인생이라고 할 수 있을까?

자신이 원하는 게 뭔지 모른다면, 먼저 현재 하는 일에 최선을 다하자. 모든 일에는 나름의 묘미가 있다. 그 묘미를 찾으려면 열심히 해야 한다. 대충대충해서 재미있는 일은 아무것도 없다. 잘 맞는지 깨닫기까지도 시간이 오래 걸린다.

게다가 자기 사업을 말아먹으면 회복할 수 없지만, 남의 사업을 말아먹으면 그 경험으로 자신의 사업을 잘 할 수는 있다. 세상에 의미 없는 일은 없고, 도움이 안 되는 일은 없다. 그저 자신에게 주어진 일이 있다는 사실만으로도 감사해야 한다.

게임 역시 최선을 다해야지 대충대충 하면 금방 질린다. 최대한 열심히 최대한 다양하게 해보고, 아니다 싶으면 최대한 빨리 때려치우고 다른 일을 찾아보자.

좋은 아이디어를 찾는 법

좋은 아이디어란 작은 변화로 큰 성과를 창출해내는 생각이다. 그런데 남이 만든 것을 기준으로 생각하고, 사업을 생각하면 남이 만든 것만큼도 만들어 내기 어렵다. 철저하게 자기중심적으로 생각을 해야 한다. 자신이 상상하기에 가장 이상적인 형태의 사업을 그려내야 한다.

직장에 있을 때는 은행 갈 시간이 없고, 출근 전이나 퇴근에 은행을 가야 되는데, 그 시간에는 모두 닫혀 있다. 직장인에게 가장 이상적인 은행은 아침 9시~6시를 제외한 시간에 영업하는 은행이다. 아침 7~9시, 저녁 6시~9시에만 운영하는 은행은 어떨까?

　　게다가, 대부분의 은행은 내 돈을 내가 찾는데 지정된 장소, 지정된 시간 외에는 수수료를 내라고 한다. 약간의 돈 때문에 많은 것을 희생하는 것이다. 수수료가 무조건 무료였으면 좋겠다. 그런 운영 방식이 수익이 적다면, 오프라인 지점의 수를 적게 하고 전화상담원의 수를 충분히 늘려서 보완할 수 있을 것이다. 만약 처음으로 '수수료가 없는 은행'이라는 이미지가 생기고 그에 따른 광고효과는 엄청나다. 그 수수료 몇 푼 때문에 큰돈을 놓치는 것이다.

은행의 전화 상담에서도 번호를 누르고 주민번호를 누르는 게 아니라, 바로 사람이 받아서 원하는데로 교환을 해주는 것이 훨씬 좋다. 번호를 누르기 시작하면 상담원이 받은 뒤에도 자신의 부서 담당이 아니라며 이곳저곳으로 돌린다. 자신이 원하는 상담원이 받기까지 5분 이상이 걸린다. 차라리 500원을 내는 대신 바로 상담원과 통화할 수 있으면 좋겠다.

휴대폰의 설정에 들어가면 어떤 내용을 어디서 변경해야 하는지 쉽게 알 수 없다. 쓸데없는 기능은 없애거나 더 깊숙한 곳에 몰아넣고, 많이 쓰는 기능만 큰 아이콘으로 만든다. 그러면 쉽게 접근할 수 있을 것이다. 설정에 들어가면 복잡한 기능이 수십 개가 있는데, 많이 쓰는 기능 (벨소리 변경 등) 3~5개만 큰 아이콘으로 밖으로 빼는 게 낫다. 그리고 내가 디자인한다면 외부의 아이콘(앱) 디자인을 설정에도 적용해놓겠다.

슈퍼마켓을 만든다면, 먼저 자신이 생각하는 가장 이상적인 슈퍼마켓을 그린다. 그러려면 자신에게 가장 익숙한 형태의 상점이 쉽다. 주로 이용하는 상점은 무엇인가? 편의점? 대형마트? 쇼핑하는가? 중간 크기의 동네 마트?

　　슈퍼마켓 매장처럼 크기로 승부를 볼 수도 있고, 편의점처럼 접근성으로 승부를 볼 수도 있다. 초록마을이나 한살림처럼 제품의 질로 승부를 볼 수도 있다. 이미 다른 사람들이 다 하고 있다면, 파는 종류의 폭을 좁히거나 특화해서 진입할 수도 있다. 과자를 좋아한다면, 기존 판매하는 것들 외에 과자 부분을 더 다양하게 판매하거나, 과자만 파는 슈퍼나 쇼핑몰도 좋다. 또는 수입 맥주 부분을 특화하거나, 인스턴트 음식 부분을 특화할 수도 있다. 다른 곳에서는 살 수 없는 어떤 가치를 제공할 때 고객들은 올 수밖에 없다.

주로 이용하는 것이 편의점이라면, 편의점에서 좋은 점은 무엇이고 좋지 않은 점은 무엇인가? 쉽게 갈 수는 있다. 접근성이 좋아지면 30%는 더 지불할 의향이 있다고 한다. 그래서인지 비싸다. 가끔 1+1 같은 행사가 있다. 야채나 과일은 종류가 적다.

　　편의점에 더 추가하고 더 뺄 수 있는 물건은 뭐가 있을까? 편의점에서 간단한 야채를 사서 집에서 조리할 수 있는 음식은 어떨까? 수입 맥주가 아니라 수제 맥주를 파는 것은 법적으로 불가능할까? 더 맛있는 치킨을 팔 수는 없을

까? 자동으로 튀길 수 있는 기계가 있으면 주문 후 바로 튀긴 치킨을 사 갈 수도 있다.

편의점의 친절하지 못한 알바 때문에 고생한 사람이라면 알바가 없는 것은 어떨까. 도서관처럼 모든 상품에 코드를 붙여서 결제를 해야만 문밖으로 나올 수 있게 하는 것이다. 아니면 약 30~40개의 다양한 종류의 자판기를 만들어서, 물건을 선택하고 마지막에 한 번에 결제하는 것이다. 아니면 그 자판기에 휴대폰으로 접속해서 마지막에 최종 결제만 할 수 있게 시스템을 만드는 것은 어떨까? 조금 불편할 수는 있지만, 가격이 할인된다면 이런 형태를 원하는 사람들도 분명히 있을 것이다.

대형마트의 단점은 매장의 수가 적고, 쇼핑하는 동안 이동 거리가 너무 길다. 사람이 많을 때는 결제하는 데 오래 기다려야 한다. 결제 카운터를 다른 매장보다 2~4배로 늘려서 절대 기다리는 일이 없도록 한다면? 전동 기능이 있어서 보다 쉽게 카트를 끌고 다닐 수 있다면?

온라인 마트에서 가장 불만인 점은 배송비이다. 1~2인 가구라 식품을 한꺼번에 쇼핑하기에는 부담스러운데, 4만 원 이상이 무료배송이라면 구매하기 꺼려진다. 무료배송도 밀리면 하루 이틀이 더 걸린다. 만 원 이상이면 무료배송, 아니면 어떤 물건을 사도 무료배송을 하면 훨씬 잘 살 것이다. 쇼핑몰 입장에서 일부 마이너스 금액이 있어도, 그곳에서 사는 것이 습관화되면 나중에 충분히 만회할 수 있다. 아니면 대신 가격은 대형마트보다는 조금 비싸게 책정할 수도 있다. 앞으로 1~2인 가구가 많아질 것을 예상하면, 충분히 해볼 만하다.

물론 위에서 설명한 매장들이 모든 면에서 완벽할 수는 없다. 하지만 자신이 가장 원하는 바 '한두 가지'를 제대로 해결할 수 있다면, 다른 사람도 그것을 원하고 있을 확률이 높다. 그것만으로 하나의 새로운 사업을 만들 수 있다. 관련된 책으로 <열광하는 팬(Raving Fans)>을 추천한다.

자신의 입장에서 생각할 수 있게 됐으면, 다음 단계는 남의 입장(고객의 입장)에서도 생각하는 것이다. 보통 1등 기업보다 2등 기업은 수입이 절반 이하, 3등 기업부터는 1/10 이하인 경우가 많다.

잘 나가는 1등 기업을 모방해서는 절대로 1등 기업이 될 수 없다. 1등 기업의 약점을 공략해서 2등으로 자리 잡아야 한다. 사실 3등부터는 1, 2등을 공략하기가 아주 어렵지만, 역시 이때도 1,2등의 약점을 파야한다. <마케팅 불편의 법칙>을 집필한 알 리스는 인터넷을 통한 정보교류가 쉬워지면서 3등기업 이하는 사업이 점점 축소될 것이며, 장기적으로는 망할수 밖에 없다고 한다.

아동용 DVD 재생기를 샀는데, 자꾸 튀었지만 불편해도 썼었다. 제품 문제인 것 같아서 제조사에 연락해보니 제품이 잘못 만들어진 것이 맞지만 배송 받은 지 1개월이 지났으니 배송비는 고객이 물어야 한다고 했다.

한국에서는 이런 말도 안 되는 일이 많이 일어난다. 하지만 영국의 존 루이스 백화점은 35일 내에 무조건 환불이 가능하며, 어떤 제품이든 5년 무상 수리를 지원한다(그

가전 회사에서 지원하지 않아도). 그리고 다른 곳에서 더 싸게 팔면 그만큼 차액도 환불해준다. 만약 내가 3등 백화점을 운영한다면 이런 서비스를 도입할 것이다.

휴대폰을 쓰면서 누구나 액정이 깨져 본 경험이 있을 것이다. 산지 한 달밖에 안됐는데 떨어트렸다가 액정이 깨졌다. AS를 맡기려고 하니 돈을 내라고 한다. 이렇게 딱 한 번만 무시당하면 다시는 그 회사 폰을 사고 싶지 않다.

휴대폰이 떨어트린 게 고객 잘못이라고 생각하면 그것이 바로 잘못된 마인드를 가진 기업이다. 휴대폰은 들고 다녀야 하기 때문에 잘 떨어지는게 당연하다. 일부러 떨어트리는 사람은 없다. 액정을 교체하려고 해도 업체에 배송하거나 방문을 해야 하는데, 그 귀차니즘을 감수하면서 고의로 액정을 깨서 보내는 사람은 별로 없을 것이다.

만약 내가 3등 휴대폰 기업을 운영한다면, 깨지지 않는 액정을 개발하거나, 액정이 깨져도 평생 무료~만원에 액정을 교체해주는 서비스를 제공할 것이다. 여유가 있다면 2~3만 원에 방문서비스까지 할 것이다.

2년만 되면 작동 안 되는 휴대폰이 아니라, 5년 10년

까지 책임지는 휴대폰을 만들고 그렇게 광고한다면 사람들은 그 휴대폰을 살 것이다. 사람마다 휴대폰을 사용하는 목적이 다르지만, 대개는 기본 기능만 충실하면 만족한다. 다양한 기능, 빠른 인터넷이 중요한 게 아니라, 전화 받고, 카톡하고, 메일 쓰고, 검색하는 데 문제만 없으면 된다.

다양한 기능을 원하는 사용자를 위해서는 휴대폰의 메인보드는 똑같이 유지하면서 액정, 램, CPU등을 교체해서 업그레이드할 수도 있다.

만약 1등 햄버거 기업에서 점심시간만 특별 할인으로 판매한다면, 2등 기업에서는 점심시간 할인으로는 승산이 없다. 점심시간 할인은 하되 적게 하고, 대신 저녁 시간 할인(6시~9시)으로 승부를 볼 것이다. 점심시간만큼은 아니지만, 적어도 저녁시간에는 고객을 모을 수 있을 것이다. 그 고객을 고정고객으로 만들기 위해 제품의 맛을 올리고, 저녁에 맞춘 좀 더 고급스럽고 푸짐한 메뉴를 개발하고, 몇몇 이벤트를 하면 추후에 1등 기업이 될 수도 있다.

다른 아이디어와 사업은 p.288에 있다.

해결이 아니라 감동을 줘라

오프라 윈프리 쇼에 참여한 방청객 276명 중에 추첨을 통해 12명에게 폰티악(GM의 자동차)을 주는 이벤트를 했다. 11번 째까지 발표한 뒤 마지막 당첨자를 남겨두고 모든 사람에게 선물 상자를 나눠줬다. 그 상자 안에 열쇠가 있는 사람이 마지막 차의 주인공이 되는데, 상자를 열어보니 모든 상자에 열쇠가 있었다.

자동차를 받은 사람들을 평생 잊지 못할 추억이 될 것이다. 만나는 사람마다 이 이야기를 전할 것이다. 자동차를 후원해준 GM은 90억 원을 썼지만, 그것은 차량의 정가일 때 가격이고, 제작 원가는 20억쯤 되지 않을까. 천만 원짜리 TV광고 200번 하는 것보다 좋은 효과를 얻었을 것이다. 나도 책에 이 예화를 쓰고 있기 때문이다.

페덱스(배송 업체)는 미국 내 어디든 다음날 아침까지 배달해 줄 것을 약속한다. 그런데 눈이 많이 온 날 산골에서 배송 요청이 오자, 페덱스 직원은 운송료 20~30달러를 받는 산골에 헬리콥터를 5천 달러에 대여해 그 물건을 배달해준다. 이렇게 손해를 보고 고객과의 약속을 지킨 덕에 '어디든, 무조건 다음날 아침까지 배달해준다'는 브랜드 이미지를 굳

히고, 덤으로 수십만 달러의 광고 효과까지 본 것이다.

노량진 근처의 계란말이 전문 술집은 역에서 멀리 떨어져 있음에도 늘 사람이 미어터진다. 그 이유는 계란 한 판을 다 쓴듯한 30cm의 큼지막한 치즈계란말이 때문만은 아니다. 먹다 보면 계란말이보다 더 비싼 제철 과일을 서비스로 주고, 서비스 안주도 제공하기 때문이다.

배를 채우는 것은 해결, 푸짐한 것은 만족, 예상치 못한 서비스는 감동을 준다. 친구를 집에 초대한다면, 자비를 들여 새로운 요리를 선보이듯, 레스토랑에 온 손님들에게 신메뉴라며 약간의 샘플을 맛보게 해줄 수 있다면, 다음에 고객들이 그 메뉴를 구입해서 먹을 수도 있고, 그 서비스를 통한 구전효과도 있다.

사업을 시작할 때, 자신이 평소 좋아하는 아이템을 고르는 것도 좋다. 그리고 그 감동을 고객에게 전해주는 것이다.

식어서 배달 온 피자 때문에 화나서 그 피자를 배달 직원에게 던지며 너나 먹어라라고 했다가 싸움으로 번져서 뉴스에 나왔다. 맛에서 가장 중요한 요소 중 하나는 조리한 지 얼마나 되었는 지이다. 그래서 30분 이내 배달인 '도미노 피자'가 메리트가 있는 것이다. 그런데 30분 이내 배달인 치킨은 없다. 치킨도 피자만큼 뜨거워야 맛이 있는데 말이다. 뜨거울 때 먹는 치킨의 감동을 안다면, 절대 식은 치킨을 주지 않을 것이다. 절대 검게 태운 치킨을 배달하지는 않을 것이다. 절대 빈약한 토핑이 올라간 피자는 팔지 않을 것이다.

피자에 토핑이 많이 올라가봤자 재룟값 1~2천 원이다. 1~2천 원을 아끼고 고객을 버릴 것인가? 아니면 그 돈 쓰고 평생 고객을 만들 것인가? 따끈한 피자는 '해결'을 주지만, 1~2천 원 만큼 토핑이 더 올라간 것은 '만족', 피자 두께보다 훨씬 두꺼운 토핑은 '감동'을 준다. 감동은 '구전'으로 이어진다. '구전'은 망하지 않는 사업을 만든다. '구전'이 바로 '보랏빛 소'이다. 돈이 없어도, 심지어 상품이 없어도, 고객만 있으면 사업은 망하지 않는다.

사업:

4차

산업혁명과

사업의

기술

친한 연예인은 별로 없었다. 학교나 일에서 만난 연예인들 모두 그냥 동료일 뿐이었다. 그나마 친했던 사람이 프리스타일의 '지오'형이었다. 취향이 비슷해서 종종 이야기했는데, 그 형이 나한테 해줬던 이야기 중에 가장 기억에 남는 것은 '가장 잘하는 장르의 음악만 만들어라'라는 것이었다. 그러면서 '피아노 음악' 만드는 것을 권했었다. '피아노 기반의 곡들'을 잘 만들 수 있게 되면 나중에 그 인지도를 기반으로 다른 장르의 음악을 만들 수 있다고 했다.

나는 거의 평생 특별한 목표 없이 음악을 만들었다. 무엇을 잘하는지는 관심이 없었다. 그냥 내가 좋으면 이것저것 다양하게 만들었다. 그러다 보니 이것저것 할 줄은 아는데 제대로 하는 것은 하나도 없었다.

지금 와서 생각해보면, 내 실력이 아주 좋았어도 다양한 음악으로 다른 사람들의 기억에 남을 수는 없었을 것이다. 다른 사람들의 이미지에 '어떤 사람'이라고 각인 되려면, 특정한 한 가지만 해야 한다. 그렇지 않고 사람들의 생각에 명확한 나의 이미지를 심기란 불가능하다. 레오나르도 다빈치도 이것저것 할 줄 알았지만, 결국 그사람은 '미술'로 사람들에게 각인됐다.

이처럼 '퍼스널 브랜딩'을 하려면 초점을 좁혀야 한다. '내가 느끼는 나, 혹은 내가 생각하는 나'가 아니라, '상대방에게 보여지고 싶은 나'를 특정한 분야에 특정한 방식으로 지속해서 어필해야만 한다. 그게 반복되면 어느 순간부터 사람들은 '그 사람이 전문가가 아닐지라도' 전문가로 인정해주는 순간이 온다.

보라매역에서 떨어진 곳의 홈플러스 익스프레스 옆에는 유명한 프랜차이즈 빵집이 있다. 이 빵집은 장사가 잘 안돼서 주인이 바뀌었다. 건너편 빵집 때문이었다.

건너편 빵집은 '언니네 식빵'이라고 식빵만 만들어서 판다. 매장은 건너편 빵집의 1/5로 작고, 가격은 2~3배지만 없어서 못 판다. 만들어 지는 대로 다 팔려서, 5시 넘어서 가면 사고 싶어도 살 수가 없다. 유기농 재료만 써서 우유 식빵, 옥수수 식빵, 밤 식빵, 시나몬 식빵, 치즈 식빵, 팥 식빵, 초코 식빵, 곡물 식빵 등을 판다. (최근에는 일주일에 3번 롤케익도 만들어서 파는데 개인적으로는 반대이다.) 식빵만 팔다 보니 빵나오는 시간이 정해져 있고, 빵이 따끈하

고 신선하다. 갓나온 식빵은 그 어떤 빵보다 맛있다.

바게트K는 바게트만 만들어서 판다. 다른 빵을 못 만들어서 바게트만 파는 것일까? 아니다. 자신이 가장 좋아하고 잘 만들 수 있는 빵이 바게트이기 때문이다. 자신이 가장 잘할 수 있는 것만 해야 한다. 그러려면 그럭저럭 잘하는 나머지 것들을 포기해야 한다.

여러 빵을 하는 곳은 당장 수입은 높을 수는 있지만, 비슷한 잘하는 빵집이 생기면 매출이 급격하게 감소할 것이다. 그때도 식빵만, 바게트만 파는 집은 장사가 꾸준히 잘 될 것이다.

식빵만 팔기로 마음먹었으면 크림빵을 팔면 안 된다. 크림빵이 좋아서 매번 크림빵만 먹는 고객이 그 집에서 크림빵을 먼저 맛본다면, 식빵도 그 정도 수준이라고 생각하게 된다. 괜히 크림빵을 팔아서 손님이 줄어든다.

김밥을 비롯한 모든 종류의 한식을 파는 곳과 설렁탕 딱 한 종류만 파는 곳 중에 어떤 곳을 이용할 것인가? 김밥이 먹고 싶을 때가 아니라면 당연히 설렁탕집을 이용할 것이다. 여러 종류를 판다는 것은 어찌보면 먹을게 많다는 것이지만, 오히려 먹을 만한 것은 하나도 없다고 생각되기가 더 쉽다.

식빵 전문점인데 식빵이 맛이 없다면 과연 그 사업을 할 수 있을까? 설렁탕 전문점이면 당연히 설렁탕이 맛있지 않을까? 실제로 설렁탕을 잘 만들지 못할지언정, 설렁탕만 만드는 곳이라면, 사람들은 일단 '전문가일 수 있다'라는 가정하에 그 음식을 먹는다.

모든 것을 다 해결하는 변호사보다는, 이혼 전문 변호사가 낫다. 이혼 전문 변호사보다는 불륜 이혼 전문 변호사가 낫다. 아니면 재산 분할 전문 이혼 변호사가 낫다. 만약 내가 부자인데 이혼을 해야 한다면 당연히 '재산 분할 전문 이혼 변호사'에게 갈 것이다.

한국은 라면 강국이다. 1인당 1년에 74개를 먹는다. 라면소 비 세계 1위이다. 가장 많이 먹었던 라면은 신라면이다. 신라 면은 진짜 명품이다. 일본 친구에게 'Best in the world'라면 서 소개했었다. 그런데 지금은 하나님 말씀대로 더 옳게 살고 싶어서 음식을 가려먹는다. 그러다 보니 '라면'은 먹을 수 없 다. 대부분 '돼지기름'이 들어가기 때문이다.

채식주의자를 위한 라면들도 나왔다. 이런 라면이라 면 힌두교나 이슬람교, 유태인들에게도 팔 수 있다. 이미 채

식주의자 라면이 있어서 더 초점을 좁힌다면 채식주의자를 위한 '컵'라면은 어떨까? 그런 컵라면도 이미 있다면, 우동, 짜장, 쌀국수 등 다양화한 '컵라면'으로 승부를 볼 수도 있을 것이다.

초점을 좁힌다는 것은 그 외의 것을 잃는다는 소리도 되지만, 초점에 속하는 것을 확실히 잡는다는 의미도 있다. 철판이 두꺼울수록 송곳은 더 날카로워야 철판을 뚫을 수 있다. 기존에 있는 사람들의 인지도가 높을수록 자신의 자리를 펴려면 초점을 좁혀야 한다. 일단 뚫리고 나면 자신의 입지를 넓히기는 쉽다.

지출을 줄여라

친구는 랜티큘러(입체로 보이거나 빛의 각도에 따라 다르게 보이는 카드)를 활용한 동화책을 제안해서 나라에서 5천만 원을 받았다. 하지만 그 돈을 다 쓰고 빚까지 져서 3년 뒤에는 파산하게 됐다. 물론 랜티큘러 장비가 비싼 탓도 있다. 하지만 더 무서운 것은 매월 지출하는 고정비였다. 당시 친구가 사용하던 곳의 월세는 70만 원이었다. 월세 70만 원은 1년에 840만 원, 3년이면 2520만 원이다.

마찬가지로 휴대폰 요금이 한달에 5만 원이라면, 알뜰폰으로 옮기면 3만 원 이하로 줄일 수 있다. 2만 원씩 1년이면 24만 원이고, 20년이면 480만 원이다. 이자까지 고려한다면, 통신사를 옮긴 것으로 자녀의 한학기 등록금을 낼 수 있게 된다.

결혼하고 3년간은 원룸에 살았다. 아이가 태어나자 더이상 집에서는 일할 수 없었다. 월 15만 원 내는 공용 사무실 등을 알아봤지만, 오고 가는 시간과 교통비를 생각하니 카페가 나았다. 노트북을 들고 근처 카페에서 일했다. 오랜 시간 카페에 있다 보면 눈치가 보인다. 짐을 놓고 배가 고파 집에서 밥을 먹고 올 때는 더 미안했다. 2번이나 쫓겨나기도 했다. 한 잔이라도 더 사면 좋겠지만, 그럴만큼 여유가 없었다.

이후에 서울시에서 지원하는 챌린지 1000 프로젝트를 통해 1,000만 원의 지원금도 받고, 일할 수 있는 공간도 지원받았다. 1,000만원은 어찌 보면 작게 느낄 수도 있지만, 사업을 시작하는 단계에서는 큰돈이다.

경기도에서 지원하는 것도 있고, 중소기업청에서 팀당 1억 원씩 지원하는 사업도 있다. 더 많은 창업 정보는 k-startup.go.kr를 추천한다.

사업의 핵심 기술은 대표가 갖고 있어야 한다. 핵심 기술이 직원에게 있다는 것은, 그 직원에게 자신의 미래를 맡기는 꼴이 된다. 출판사를 한다면 적어도 '집필', '편집', '디자인', '마케팅' 중 하나는 제대로 할 수 있어야 한다. 기왕이면 여러 가지를 할 수 있으면 더 좋다.

나는 집필부터, 편집, 디자인, 마케팅까지 혼자서 다 한다. 그래서 지출이 적다. 불황에도 살아남을 수 있었다. 기업이 크면 그만큼 지출도 크기 때문에 불황이 될수록 살아남기 어려워진다.

음식점을 차린다면 '핵심 요리 기술'이 있어야 한다. 아니면 사업이 커질수록 주방장의 입김에 휘둘릴 것이다.

해외 영업을 한다면, 그 나라의 언어는 기본으로 할

수 있어야 한다. 물론 돈이 아주 많다면 통역사를 써도 될 것이다. 그런데 통역사를 100% 믿을 수 있을까? 사기라도 안 당하려면 그 나라 언어를 해야 한다.

내 인생을 바꾼 마지막 퍼즐 조각(기술)은 '북디자인'이었다. 덕분에 어떤 상품(특히 책)을 전문적으로 보여지게 만들거나 포장할 수 있다. 배우는 데 6개월 걸렸고, 숙련되는 데에 3년 정도 걸렸다. 만약 하나의 기술을 익혀서 자신의 인생을 바꿀 수 있다면, 그 일을 지금 당장 배우는 것은 어떨까?

사업:

4

차

산업혁명과

사업의

기술

무엇을 하든 그 분야에서 최고가 되어야 한다. 사람들은 최고만 높게 쳐준다. 그래서 최고는 잘 망하지 않는다. 30년 뒤 삼성 그룹이 어떻게 될지는 모르겠지만, 웬만한 일로는 3년 뒤에 망하지는 않은 것이다.

모든 분야에서 최고가 되지는 못할지언정 자신만의 '최고인 분야'는 꼭 필요하다. 최고의 고등학생 영어 강사는 어렵겠지만, 최고의 고등학생 '독해' 강사나, '문법' 강사는 노력하면 될 수 있을 것이다. 그것도 어렵다면 2~3등급 학생만 학생으로 받아서 1등급으로 올리는 '독해'강사를 목표로 해도 좋다.

사람들은 '좋은 상품'을 원하는 게 아니라 '검증된 상품'을 원한다. 최고가 되지 못한다면 최고인 척하는 '인지도'라도 있어야 한다. 그런 증거로 특허, 저서, 입상, 특이한 경력 등이 필요하다. 그런 것이 그 사람에게 가야만 하는 '프리미엄(할증료)'가 된다. 때로는 '부르는 게 값'이 될 수도 있다.

서울 3대 치킨은 부암동 계열사, 양재닭집, 고대 삼통치킨 이다. 양재 닭집은 멀어서 못 먹어봤지만 계열사와 삼통치킨은 먹어봤다. 삼통치킨은 마늘양념이 독특했고, 계열사는 기본에 충실한 바삭한 후라이드가 인상적이었다. 프랜차이즈 중에서는 '보드람 치킨'이 그나마 계열사와 비슷하다.

서울 3대 빵집 모두 다양한 빵을 팔지만, 대표 빵은 한두 가지이다. 독특한 맛과 '모양(혹은 크기)'이 인상적이다. 나폴레옹 제과점(사라다빵, 단팥빵, 크림빵 유명), 리치몬드(밤식빵, 슈), 김영모(몽블랑, 아몬드 소보루)라고 한다. 3대 빵집은 아니지만 에릭카이저, 폴앤 폴리나, 뺑드빱바도 가볼 만하다.

　　　서울 3대 뷔페는 조선호텔 아리아, 신라호텔 더 파크뷰, 롯데호텔 라세느를 꼽는다.

가장 맛있었던 맥주는 칭따오 공장에서 맛본 생맥주이다. 그다음은 독일 옥토버페스트의 아우구스티너 생맥주. 국내 맥주 중에서는 '맥스' 좋아한다.

　　　평소에는 '최고'보다는 '가성비'를 추구한다. 그 가격 범위에서 최고인 것들을 고른다. 패스트푸드는 맥도날드의 빅맥을 가장 좋아했었다. 치킨버거는 맘스터치(항상 바로

조리해서 뜨끈하다)를 좋아한다.

패밀리 레스토랑은 애슐리 좋아하고, 한식뷔페는 풀잎채가 가성비가 좋다.

외국인 친구들에게는 '교촌 치킨'을 추천해준다. 사실 양념이나 후라이드 치킨은 비슷비슷한데, 간장 치킨에서는 '교촌 치킨'이 독보적이다.

스파게티를 자주 해먹는데, 면은 주로 데체코의 스파게티니, 올리브 오일도 데체코, 소스는 바릴라에서 나온 것들을 선호한다. 발사믹은 Clearspring 제품을 선호한다.

저렴한 치실은 치아 사이에 끼곤 해서 조금 비싸도 오랄비를 쓴다. 볼펜은 주로 Zebra 4색+샤프 쓴다.

최고만 보여줘야 한다. 여러 가지를 잘할 수 있어도 가장 잘하는 것 한두 가지만 보여줘야 한다. 어설픈 것을 보여주면, 자신이 잘하는 것도 어설픈 인상을 남기게 된다.

최고가 될 자신이 없다면, 최고인 친구나 최고라고 생각하는 회사에서 일하는 것도 방법이다. 자신이 좋다고, 최고라고 생각하는 상품이 아니면 팔기 어렵다. 자신조차 설득이 안 되는 상품으로 상대방을 설득할 수는 없다.

노량진에서 공무원 준비하는 학생을 가르칠 때였다. 경찰공무원 학생이 독해책을 추천해달라고 했다. 서점에 갔는데 마음에 드는 독해책이 없어서 직접 집필해야겠다고 마음 먹었다. 이후에 어떤 책으로 어떻게 집필할지 구상을 했고, 구상이 끝나자 본격적으로 집필을 하고 싶었다. 그때가 2011년 11월이었다.

최소한의 생활비가 필요했다. 집필하는 내용으로 과외를 할까 하다가, 부모님 집의 거실을 공부방으로 꾸몄다. 이동식 화이트 보드와 중고 책걸상 12개를 구입했다. 책상만한 크기로 현수막을 만들어서 집의 문 앞에 '수능정복'이라고 학원 이름을 붙였다. 그때가 겨울 방학이 시작될 즈음이니까 학생들을 꽤 모을 수 있을 것으로 생각했다. 일주일에 두 번씩 정오부터 새벽까지 곳곳에 겨울 추위에 떨어가며 전단을 붙였다.

결과는 처참했다. 2달 동안 전화 상담이 두 번, 방문 상담이 한 번 있었다. 게다가 방문 상담은 초등학생이었다. 가르쳐 볼 기회조차 얻지 못하고 문을 닫아야 했다.

학생들이나 학생들의 부모님 입장에서 보면 그럴만도 하다

는 생각이 든다. 내가 아무리 잘 가르친다고, 경험이 많다고 한들 그 동네에서 검증되지 않았기 때문이다. 내 입으로 잘 가르친다고 말하는 것은 믿을 수 없었을 것이다. 집의 거실에서 한다는 것도 찝찝할 수 있다. 나를 믿을 수 없기 때문이다.

사람들은 좋은 상품을 원하지 않는다. 검증된 상품을 원한다. 그들 입장에서는 공부 잘하는 철민이가 다니는 학원이 오히려 먹힌다. 그 학원을 다니면 철민이처럼 공부를 잘할 수 있을 것 같은 착각이 들기 때문이다. 적어도 철민이와 함께하는 안정감이 들기 때문이다. 사실은 이미 공부 잘하는 학생을 가르치는 것과, 못하는 학생을 가르치는 것은 완전히 다른데도 말이다. 공부를 못하는 학생을 잘하게 만드는 것이 100배는 더 어렵다.

검증된 상품을 만들기까지는 시간이 필요하다. 적게는 6개월에서 보통 2~3년 이상 걸린다. 학원에 더 뜻이 있었다면 좀 더 도전했을 것이다. 예전처럼 방문 과외로 시작했을 것이다. 이후에 공부방을 차리고, 그다음 학원을 차렸을 수도 있다. 하지만 시간을 많이 뺏겼을 것이고, 현재처럼 자유롭게 출판 사업은 하지 못했을 확률이 높다.

앞으로도 고등학생 대상의 학원은 생각이 없고, 초등학생이나 중학생 대상의 학원은 해볼 생각도 있다. 왜냐하면 고등학생 정도 되면 '수능점수'가 더 중요한 때이고, 스스로의 가치관이 바뀌기 어렵기 때문이다. 초등학생, 중학생은 자신의 가치관이 아직 바뀔 여지가 있다고. 그 학생들을 통해 내가 만들 수 있는 가치가 현재 존재하는 가치보다 훨씬 크다고 생각한다. 그런데 출판사업이 바빠서 그만한 여유가 생길지는 모르겠다.

상품이 퍼져나가는 단계에는 순서가 있다. <마케팅 천재가 된 맥스>에 따르면, 새로운 상품이 등장하면, 처음에는 그것을 잘 아는 전문가들(시장의 1%)만이 거리낌 없이 살 수 있다. 경쟁 상대가 거의 없을 때이다. 이때는 고객의 환상과 욕망을 자극해서 두려움을 없앨 수 있도록 해야 한다.

다음에는 얼리아답터들(시장의 20%)이 산다. 그 외에 대부분의 고객들은 필요성에 의문을 갖거나 가격에 저항한다. 사업가는 이때 포기하기보다 지속적으로 제품을 재개발 해야 한다.

다음이 관련 제품을 사용해본 적이 있는 사람들(시장의 70%)이 산다. 경쟁 업체가 무수히 많다. 틈새시장을 찾아야 하고, 고객과의 관계를 돈독히 해야한다.

마지막으로 일반적인 사람들(시장의 94%)이 산다.

이때는 이미 거대한 3~4개의 업체가 시장을 지배하고 있다. 새로운 업체가 진입하기는 매우 어렵다. 이때는 고객이 보다 쉽게 구매 결정을 내릴 수 있도록 해야하고, 판매에 장애가 되는 요소들을 제거해야 한다.

자신이 진입하는 시장이 어떤 시장인지 알면, 사업을 시작 할지에 대한 결정에도 도움이 되고, 누구에게 물건을 팔아야 할지도 정할 수 있다.

기업이 크다고 좋은 것도 아니고, 작다고 나쁜 것도 아니다. 기업이 작으면 작은 만큼, 큰 기업에서는 수익이 나지 않는 틈새시장에서 수익을 낼 수 있고, 시장에 빠르게 반응하여 새로운 물건을 만들 수 있다.

소기업을 '가위', 중기업을 '주먹', 대기업을 '보자기'로 비유한 책이 있었다. 상당히 일리가 있고, 스스로와 상대를 정의하기에 좋다고 생각한다.

대기업들은 중기업들에 하청을 주고, 피를 빨아먹으면서 성장한다. 그런데 기업이 커지면 커질수록, 도전하기보다는 안주하려고 한다. 도전을 해도 뻔한 방식으로 이미 검증된 도전을 하려고 하지 절대 새로운 도전을 하지는 않는다. 혹시 잘되면 좋겠지만, 잘못되면 욕먹기 십상이기 때문이다.

많은 경험이 쌓이고 직관을 갖기 전까지는 새로운 시도에는 그만한 위험이 따른다. 남들이 안 하는 데에는 그만한 이유가 있다. 그래서 새로운 시도를 하는 소기업(가위)에게 대기업이 먹혀서 역사의 뒤편으로 사라지게 된다.

소기업에게 맞는 마케팅 방식이 있고, 대기업에게 맞는 마케팅 방식이 있다. 자신의 위치를 알고 객관적으로 판단할 수 있어야지 싸워야 할 때와 피해야 할 때를 알 수 있다.

문제는 싸워야 할 때인지 피해야 할 때인지 잘 모르는 경우가 많다. 이때는 싸우는 것을 추천한다. 싸우면 지더라도 얻는 게 있는데, 싸우지 않으면 아무것도 얻지 못한다. 👑

사업 제안

TOP 9

실현되지 않은
새로운 생각

치킨집을 차린다면

회사가 망해가는 징조는 회사가 고객을 배신할 때이다. 영화관이 좌석 등급제로 고객을 차별할 때이고, 치킨집이 냉동 닭을 쓸 때이다. 좌석 등급제를 통해 스크린 앞에서조차 차별을 느끼고, 냉동 닭의 비릿내를 느끼며 치킨을 먹고 싶은 사람은 없다.

한국인은 한 달에 1.7회 치킨을 먹는다. 전 국민의 절반이 치킨 맛의 준 전문가라고 할 수 있을 텐데, 냉동 닭을 쓰는 치킨집의 미래가 심히 걱정스럽다.

치킨을 사랑하는 사람이라면, 고객을 사랑하는 사람이라면 절대 냉동 닭을 치킨집에서 팔지 않았을 것이다. 그것은 맛있는 치킨이 되기 위해 닭장에 갇혀 35일을 보낸 닭에 대한 예의가 아니다. 심지어 튀긴 지 30분이 지난 닭을 파는 것 또한 예의가 아니다. 그런데 튀긴지 4~5시간 지난 것도 살짝 데워서 내놓는 것 같았다.

자신이 10년 동안 만나고 싶어 했던 연예인이 놀러 온다고 하는데 가장 좋아하는 음식이 치킨이다. 게다가 직접 요리한 치킨만 먹겠다고 한다. 치킨이 맛있으면 치킨 핑계로 또 만날 수도 있고, 잘하면 사귀고, 결혼까지 할 수 있다면(너무 멀리 갔나), 최고의 치킨을 요리하기 위해 고민할 것이다. 어떻게 해야 최고의 치킨을 만들 수 있을까?

신선한 닭의 끝은 어디까지 일까? 직접 사육하고 그날 잡아야 할까? 산지에서 직접 사와야 할까?

얼만큼 깨끗한 기름을 써야 할까? 하루에 한 번 갈면 될까? 50마리마다 기름을 새로 쓰면 될까?

염지는 어떻게 해야 할까? 튀김옷은 어떻게 해야 할까? 적정한 시간과 온도는 무엇일까? 튀기는 시간과 온도를 더 자동화 할 수는 없을까?

좀 더 다양한 양념을 만들 수는 없을까? 치킨 무는 사카린을 넣지 않고 수제로 만들 수 없을까?

그 연예인을 대하듯 고객을 대해야 한다. 고객이 내 상관이고 월급을 주는 사장님이다. 고객이 나를 먹여 살려주는 것이다.

30부터 60까지 30년을 회사에 몸 바쳐 일했다. 노후 자금으로 모은 돈은 1억 원. 이 돈으로는 노후동안 먹고살기 어렵기에, 8000만 원을 들여 치킨집을 차렸다. 처음에는 잘 팔렸다. 하루 매상이 300만 원이 넘을 때도 있었다. 그런데 멀지 않은 곳에 같은 프랜차이즈 치킨집이 생기고, 새로운 치킨집도 생기면서 수입은 점차 줄었다.

　　3년이 지나니 휴일 없이 하루에 15시간씩 일하면서도 임대료, 아르바이트비용, 재룟값을 빼고, 겨우 30만 원을 가지고 갔다. 30년간 고생한 돈을 3년 만에 다 날렸다.

프랜차이즈 치킨집을 창업하려면, 배달하는 집은 기본 2~4천만 원, 안에서 먹을 수 있는 곳은 기본 8천~1억이 든다. 그런데 11집 개점하면 5곳이 폐점한다.

　　치킨을 진짜 좋아하는 사람이 치킨집을 차려야 한다. 자신이 치킨을 먹을 때의 감동을 고객에게도 전해줄 수 있어야 한다. 이 나이에 무슨 알바냐고 생각하겠지만, 최소한 치킨집 알바 경험이라도 있어야 한다.

　　프랜차이즈가 아니라면 치킨 맛에 대해 연구를 해야 한다. 1억원이 개점비용이라면 매장 크기를 좀 줄이고, 대신에 3천만 원을 들여 세달간 전세계를 여행하며 각종 치킨 맛을 보는 것은 어떨까. 3달간 3천만 원이면 숙박비 천만 원, 교통비 천만 원, 식비 및 부대비용 천만 원으로 예상한다.

집의 진화

사람이 살아가는 데 꼭 필요한 것이 '의식주'이다. 그런데 옷과 음식은 단가도 낮고, 주관적일 수밖에 없기 때문에 경쟁하기가 어렵다. 하지만 '집'은 단가가 세기 때문에, 좋은 브랜드에는 프리미엄이 붙을 수밖에 없다. 평생 한두 번 사는 것을 모험하면서 살 사람이 몇 명이나 있을까? 몇몇 아파트에는 브랜드가 붙어 있지만, 주택에는 큰 브랜드가 보이지 않는다.

삼성(유일하게 내가 이름을 거론해도 전혀 타격을 받지 않을 것 같은 기업)에서는 약 9조원을 들여 자동차 부품 기업 '하만'을 인수했다. 신흥국가에서도 자동차 구매율이 점점 높아질 것이고, 가정에서 2~3대를 가진 경우가 늘 것이다.

다만, 자동차가 삶을 살아가는데 꼭 필요할까? 경쟁 상대는 없을까? 쏘카 등 차량공유 시스템과 자동운전이 결합한다면 미래에도 이만큼의 소유가 있을까? 등의 의문은 해소가 안된다.

게다가 좀 더 좋은 카오디오 시스템과 편리한 차를 위해 큰 돈을 들일 사람은 얼마나 될까? 컴퓨터 가격이 낮아진 것처럼 기술이 발전함에 따라 자동차 가격은 앞으로 계

속해서 낮아질 것이다. 게다가 고급 자동차는 시장의 크기가 작아서 큰돈이 되기 어려울 것이다.

나라면 이케아 같은 가구 회사를 인수했을 것 같다. 이케아는 너무 비싸 인수하기 부담스럽겠지만, 국내 가구 회사들은 인수 가능할 것이다. 전자제품과 가구 디자인을 합치면 상상 이상의 제품들이 쏟아진다. 그리고 가구 디자인의 발전에서 나오는 시너지로 전자 제품에도 큰 도움이 될 것이다.

예를 들어, 모든 가전제품을 빌트인(붙박이)화 하는 것이다. 주방만 해도 식기세척기, 오븐, 밥솥, 냉장고 등 지저분하게 되어있는 것을 붙박이로 만들고, 더욱 편리하게 각종 그릇과 냄비들을 배치할 공간을 마련하는 것이다. 그릇들을 쌓을 수 있게 디자인해서 집을 구매할 때 옵션으로 선택하게끔 한다.

사람의 움직임을 최소화하고 자동화한다. 싱크대와 식기세척기가 하나로 되어서, 그릇을 싱크대에 넣기만 하고 뚜껑을 덮으면 자동으로 설거지를 해준다. 식기세척기 세제도 자동으로 나온다. 쌀통에 쌀만 채워 놓으면 밥이 없어질 때마다 알아서 쌀과 밥통을 씻은 뒤 시간 맞춰서 밥을 해준다. 세탁기에다 세제를 잔뜩 넣어놓고 빨래통에 옷을 넣어

놓으면, 세탁기가 알아서 옷을 분류해서 세제를 넣고 빨래 해주고, 널어서 말려 준다. 옷장에 정리도 해준다.

에어컨, 공기청정기, 히터, 제습기 등 공기 관련 가전제품들을 따로 팔 게 아니라, 하나로 합쳐서 공간을 적게 차지하게 한다. 기왕이면 붙박이로 만들어서 벽에 공기가 들어가고 나가는 구멍 말고는 깔끔하게 디자인 한다. 따로 팔 때보다 가격을 3배 이상을 쓴다고 하더라도 그만큼 공간을 덜 차지 하기 때문에 살 사람들이 있을 것이다.

책상, 책장, 장롱 등의 가구의 크기도 모듈화하고, 가전제품도 모듈화해서, 일부분만 교체하고 업그레이드함으로써 자신이 원하는 벽을 꾸밀 수 있도록 한다. 그러면 못을 밖을 필요도 없고, 전선을 끌어다 설치하느라 고생할 필요도 없다. 공간의 활용도가 높아진다.

1, 2인의 핵가족들이 늘어나는 추세인데, 큰 평수의 방은 부담스럽다. 만약 5평의 방이라도, 버튼을 누르면 거실→침실→공부방→옷방이 1분만에 바꿀 수 있게 하면 구태여 15평 이상의 방이 필요하지 않다.

태양열로 전기를 쓰는 것은 기본, 베란다는 수직 온실로 해서 채소를 기를 수 있도록 한다. 원하는 식물을 심고 설

정만 해 놓으면, 온실 안의 온도와 습도는 자동으로 유지되며, 물과 비료를 주는 것 역시 자동으로 된다.

바로 딴 야채와 과일을 정말 신선하고 맛있다. 나는 직접 기른 야채들을 바로 따서 카레를 만들고 싶다. 바로 따서 샐러드를 먹고 싶다.

에어컨을 오래 쐬면 머리가 아프다. 머리가 아프지 않은 에어컨을 만들 수 없다면, 실외 온도가 일정 온도 이하가 되면 에어컨이 꺼지고 자동으로 창문이 열리는 에어컨이나 송풍으로 바뀌는 에어컨은 어떨까. 밤에 이유없이 틀고 잘 일이 없을 것이다. 비슷한 방식으로 비오면 창문이 닫히는 집은 어떨까?

노트북이 튼튼하면, 가방에 노트북이 붙어 있는 제품을 만들 수도 있다. 꺼낼 필요 없이 가방 뚜껑을 열면 노트북으로 쓸 수 있다. 마우스와 충전 케이블도 그 가방에 붙어 있어서, 연결할 필요 없이 가방에서 쭉 잡아당기면 나온다.

이것저것 다 만드는 대형 전자회사보다 하나라도 제대로 만드는 회사가 낫다. 다이슨의 청소기를 다른 회사에서 이길 수 없는 이유이다. 한 개의 가전제품도 개선하려고 하면 끝이 없고 더 발전할 수 있는데, 다양하게 이것저것 하다가 하나도 제대로 못 만드는 경우가 많다.

로봇청소기의 불편한 점은 장애물을 만나면 선이 청소기에 꼬여서 청소를 멈춘다. 청소하기 위한 준비작업 때문에 귀찮아서 그냥 안 쓰게 된다. 어떤 선도, 어떤 장애물도 꼬이지 않도록 로봇청소기를 만들어야 한다. 때가 되면 알아서 충전하고 청소하는 것을 반복하는 손바닥만한 초소형 로봇청소기가 있다면, 방을 쓸거나 닦을 필요가 없다.

일주일에 3번 10분씩 바닥을 닦는다고 했을 때, 일년에 1560분이다. 즉, 26시간이다. 사람에 따라 하루 일당이 다르겠지만, 8시간 일한다고 보면 3일, 30만 원짜리 로봇청소기면 1년만 써도 본전을 뽑는 것이 된다.

테슬라가 고객의 마음을 선점한 이상, 전기차 시장에 뛰어들어서 고객의 마음에 들기는 어렵다. 특히 일반 세단은 기술이나 가격에서 큰 차이를 만들어야 승산이 있다. 차라리 초점을 좁혀서 SUV, 트럭, 버스 등 아직 나오지 않은 차종을 공략해야 가능성이 있다.

사
업
제
안
:
실
현
되
지
않
은
새
로
운
생
각

요리할 때 국자 놓을 곳이 마땅치 않다. 국자가 냄비에서 같이 끓는 것도 찜찜하고, 밖에 놔두면 국물이 떨어져서 찜찜하다. 싱크대나 레인지 옆의 바닥에 놓기에는 찜찜하다. 국자를 잘 디자인해서 냄비에 거꾸로 잘 걸치게 만들되, 그 내용물은 냄비 안에 떨어지게 만드는 것은 어떨까?

디자이너들의 컵을 보면 모양은 이쁜데 기능성이 많이 떨어지는 경우가 많다. 컵은 건강상 도자기나 유리여야 하고, 잘 깨지지 않아야 한다. 쌓아서 공간 차지가 적어야 한다. 쉽게 씻을 수 있어야 한다. 이런 기능성을 충족한 뒤에 디자인을 생각해야 한다.

창문의 잠금장치는 오른쪽 창문의 왼쪽에 있어서, 오른쪽 창문을 왼쪽으로 열어야 하니 불편하다. 차라리 잠금장치를 왼쪽 창문에 붙이고, 왼쪽 창문을 오른쪽으로 여는 게 오른손잡이에게는 훨씬 편하다.

비닐봉지는 손이 무겁다. 비닐 끈을 넓게해서 맬 수 있게 하는 비닐 가방은 어떨까? 장을 보고 그대로 집까지 끌고갈 수 있는 골판지 카트는 어떨까?

매번 욕실 청소할 때 불편한데, 락스폭탄 같은 것을 만들어서 폭탄을 터트린 뒤 물로 헹구기만 하는 것은 어떨까? 곰팡이가 피지 않는 좌변기나 타일, 물에 젖지 않는 슬리퍼는 만들 수 없을까? 연잎이나 브로콜리는 물에 젖지 않는 것처럼 말이다. 이런 기술로 코팅이 벗겨지지 않는 우산이나 패딩은 없을까?

사업 제안: 실현되지 않은 새로운 생각

물건 파는 입장에서 당장은 보기 예쁜 게 좋은 것이라고 생각할지도 모른다. 그러나 입어서 불편한 옷은 절대 다시 사지 않는다. 더군다나 속옷은 안에 입는 것이기 때문에 보여줄 일이 별로 없다. 예쁜 것보다 편안한 게 먼저다. 그래서 팬티를 입으면 일단 스스로 입은 것을 잊을 정도로 편안해야 한다. 불편하면 안 입느니만 못하다.

어떤 팬티는 자꾸 똥꼬에 껴서 불편하다. 지퍼를 잘못 만든 옷은 지퍼에 옷이 끼고, 살이 낀다. 목구멍이 너무 좁으면 목에 피가 안 통하고, 너무 넓으면 없어 보인다. 팔구멍이 너무 작으면 팔을 들기 어렵다. 허리가 너무 짧으면 자꾸 속살이 보인다. 주머니가 얕거나 옆으로 되어있으면 주머니의 물건을 자꾸 떨어트리게 된다. 이런 일을 당하면, 다음부터 그 브랜드의 옷은 안 사게 된다.

5년 10년 뒤에 어떤 회사는 살아남는데, 다른 회사는 왜 망해가야하는지 이유를 찾아보면 결국은 똑같다. 만드는 사람이 쓰는 사람을 배려해서 자신도 써본 상품이 있고, 쓰는 사람이 어떻게 쓰든 기존에 만들던 대로 항상 똑같이 만드는 사람이 있다. 자신이 입어봤던 경험 중에 불편한 경험은 없도록 하는 게 우선이고, 만들어봤으면 적어도 입어보고 팔아야 한다. 작은 차이가 모여 큰 결과를 만든다.

수영복은 매번 말려야 해서 귀찮다. 말리지 않아도 곰팡이가 피지 않고 냄새 안 나는 수영복은 없을까? 김이 서리지 않는 수경, 안경은 없을까?

청바지만 만드는 회사들은 같은 허리 사이즈에서 다른 다리 사이즈도 만든다. 맞는 다리 사이즈의 옷을 고르면 맞춤옷처럼 입을 수 있다.

나는 허리와 팔이 길어서 어깨에 맞추면 소매가 짧은 경우가 많다. 셔츠만 만들되 어깨나 팔길이를 다양하게 해서 만드는 것은 어떨까? 이탈리아의 셔츠 전문 매장에서는 이렇게 만들어서 판다.

성경에 양털과 베실이 섞여서 짠 옷을 입지 말라고 한다. 양털과 베실이 아니어도 가능한한 한 섬유로 짠 옷을 입으려고 한다. 그런데 100%로 짠 것을 찾기 어려운 경우도 있다. 양말이 가장 그렇고, 팬티나 코트도 그렇다. 100%인 원단만을 사용한다면 브랜드 이미지에도 좋을 것이다. 특히 양

복이나 코트는 울 100%만 쓴다거나, 넥타이가 실크 100%만 쓴다든지 말이다. 고급 원단 외에는 쓰지 않는다는 이미지 하나로 다른 경쟁자 상당수를 물리칠 수 있다.

어떤 문화가 얼마나 발달했는지를 아는 척도중 하나는 그 문화를 사용하는 인구가 얼마나 되는 지이다. 쌀을 주식으로 하는 한국이나 일본만큼 맛있는 쌀을 먹을 수 있는 곳이 있을까? 자전거 이용이 많은 네덜란드나 덴마크, 일본 등의 나라에서 다양한 자전거가 만들어질 확률이 높다.

마찬가지로 빵도 한국보다는 서양에서 훨씬 맛있게 잘 만든다. 유럽 어디서든 새벽 6시에 나가 갓구운 빵을 사면, 한국의 웬만한 베이커리보다 훨씬 맛있다. 스페인의 바르셀로나에서 페스츄리를 하나 먹었는데, 오렌지칩(껍질에 설탕을 절인 것)이 씹히는 것이 정말 맛있었다.

사람들은 특별한 대접을 받고 싶어 한다. 특별한 빵을 먹으면 사람들도 특별해진다고 느낀다. 이름만이라도 특별하게 만들면 더 잘팔린다. 좀 더 스토리를 담아야 한다. 예를 들어, 프랑스 밀가루로 만든 진짜 프랑스 바게트, 오늘 만든 우유 듬뿍 건포도 식빵, 팝핑씨드를 넣어 제대로 만든 대니쉬 페스츄리 등.

모든 동식물에는 '기운'이 있다고 생각한다. 가공이 많이 된 음식이나 말린 음식보다는 생음식이 낫다. 그런데 한약은

사업 제안: 실현되지 않은 새로운 생각

모든 약재를 구하기 어려워서인지 말린 약이 많다. 게다가 수입산은 농약을 많이 친 경우도 있다고 한다. 유기농 재료를 쓴 한약이나 생약으로 만든 한약은 어떨까?

서점 사업

책이 팔리지 않는 이유는 책을 대체할 수 있는 정보를 인터넷에서 구할 수 있기 때문이다. 다른 이유는 광고 믿고 책을 샀다가 손해 본 경험이 많기 때문이다.

대부분의 서점은 광고로도 돈을 벌려고 한다. 그런데 현실에는 광고가 넘쳐나기 때문에 사람들은 광고를 믿지 않는다. 광고 효과가 점점 줄어드는 것을 출판사에서도 안다.

그런데 광고가 많아지면 많아질수록 사람들은 좋은 책을 갈망한다. '광고가 없는 서점'이라는 이미지와 '진짜 좋은 책만 소개한다'라는 이미지가 광고로 벌어들일 수 있는 수입보다 훨씬 큼에도 불구하고, 당장 광고로 수입이 들어오기 때문에 시작하지 못한다.

책을 팔리려면 책에 관심을 갖게 해야 한다. 내가 큰 서점을 운영한다면, 분야별로 '독서모임'을 운영할 것이다. 그리고 그 독서모임에는 절대 상업성이 들어가지 않게 한다. 독서모임에서 꾸준히 책을 읽도록 하고, 양서를 선정해서 발표한다.

그리고 독서하는 것은 결국 국가적인 경쟁력에도 영향이 있으므로 국가 차원에서의 장려도 필요하다.

온라인 서점을 운영한다면, 사람들이 사고 싶은 책을 자신의

'구매 리스트'에 쉽게 넣을 수 있도록 할 것이다. 나중에 사고 싶은 책의 이름이 궁금하면 여기에 올 것이고, 구매로 이어질 확률도 높다. 관련 이벤트로, 사고 싶은 책 20권 이상 넣는 사람 중 5명에게 그 책 전권을 주는 것도 좋다. 그리고 그 책의 목록을 쉽게 볼 수 있도록 디자인을 할 것이다.

3등 서점이라면 만 원 이하도 무료배송할 것이다. 도서정가제 때문에 혜택을 줄 수 없는 상황에서, 무료배송으로 한번 사본 사람은 나중에도 그곳에서 살 확률이 높다.

아픈 뒤에 치료비를 돌려받으려면 내야 할 서류가 정말 많다. 개인정보 보호 때문이라고 하는데, 법을 바꿔서 애초부터 병원비를 바로 보험사에서 내게 하거나, 아니면 자동 환급이 돼야 한다.

치료비를 알아서 돌려주는 보험사라면 돈을 더 낼 의향도 있는 사람이 많을 것이다.

보험의 종류가 여러 가지라 따로 보면 3~10만 원이지만, 다 합치면 내는 돈이 많다. 실비보험, 교육보험, 생명보험, 상조 서비스 등, 이런 것들의 보장금액은 줄이고 하나로 합치면 어떨까?

결혼식 비용과 장례 비용, 출산 후 산후조리 비용, 대학의 첫 등록금까지 보험사에서 책임져 주는 것은 어떨까? 전액을 책임지는 것이 아니라, 매번 200~300만 원만 보조해줘도 서민들은 숨통이 트인다. 한 명에 매월 5만 원 정도라면 가입할 사람이 상당히 많을 것 같다.

사업 제안: 실현되지 않은 새로운 생각

2호선은 탈 때마다 내가 어느 방향으로 가는지 판단하기가 어렵다. 내선순환 외선순환이 아니라, 시계 순환, 반시계 순환으로 바꿔야 한다.

세금을 잘 내게 하려면, 잘 낼 수 있는 환경을 만들어줘야 한다. 세무서에서 사업자 등록증을 발급받으면, 나중에 다시 가서 전자세금계산서 보안카드를 발급받아야 한다. 이런식으로 여러번 오가게 만든다. 차라리 사업자 등록증 받을 때 보안카드 여부를 물어보고 바로 보안카드도 발급받으면 좋을 것이다.

세무서에 사업자를 등록할 때 이메일로 공지를 받으면 천원 할인해주겠다고 유혹한다. 그런데 이메일로 받을 경우 상대방이 읽었든 읽지 않았든 상관없이 읽은 것으로 간주하고 세금이 늦으면 연체료를 내게 한다. 이 사실을 알았다면 이메일로 받지 않았을 것이다.

앞서 말했듯 의료보험을 소득 중심으로만 내고, 소득이 적든 많든 상관없이 내고, 과잉진료, 과잉치료를 막기 위해 치료를 많이 받은 사람은 그만큼 의료비를 더 가중해서 내야 한다.

약 1~2달간 자동이체가 안 됐을 경우 이후에는 돈을 넣어놔도 자동이체가 안 된다. 나중 것들이 빠져나가고, 이전에 못 낸 것은 계속 이자를 물게 만들어져있다.

솔직히 이런제도에는 소송을 걸고싶다. 돈이 많다면 개인 변호사 한 명을 고용해서 세상에 불만인 것들을 바꿔나가고 싶다.

공무원들은 철밥통이라 자신이 불편하지 않은 이상 스스로 변화하려는 욕구가 거의 없다. 변화하려고 해봤자 욕만 먹기 때문이다. 이 부분에 대한 국가적인 시스템 정비도 필요하다. 더 많은 공무원을 뽑는 게 중요한 게 아니라, 공무원들이 더 효율적으로 일할 수 있도록 환경을 만들고, 열심히 일하는 공무원에게 혜택이 가도록 만들어야 한다.

사업 제안: 실현되지 않은 새로운 생각

6살 때 이모부께 담배가 무슨 맛이냐고 물었다. 구름과자 맛이라길래 궁금했다. 그래서 얻어 피웠다가 한 모금도 제대로 못 빨고 기침만 한 적이 있었다. 그렇게 장난으로 피워본 적 말고는 평생 담배는 피워본 적이 없다.

10대 후반, 20대 초반에 결핵과 기흉에 걸려 2년 넘게 고생했다. 억울했다. 폐는 망가지면 고칠 수 없다. 그때 망가진 폐 때문에 보통 사람의 절반 정도로 폐활량이 줄었고, 군대도 면제됐다. 미세먼지가 많은 날은 항상 마스크를 쓰고 나간다. 그렇지 않으면 눈이 가렵고, 기침이 나고 폐가 아프다. 그 고통은 짧게는 하루 이틀이지만 길게는 1~2주씩 가기도 한다.

공기 좋은 곳을 찾아 산 근처로 이사 왔다. 하지만 미세먼지가 많은 날은 이곳도 다르지 않다. 어렸을 적에는 황사가 많은 봄철 말고는 공기가 깨끗했는데, 중국의 산업화 때문인지 일 년 중 환기가 가능한 날은 150일도 안 되는 것 같다.

미세먼지의 이유는 크게 3가지로 본다. 1.중국에서 유입된 미세먼지, 2.자동차 매연, 3.화력발전소. 그중에서도 중국

영향이 약 80% 가장 큰것 같다. 그 증거로 미세먼지 지도에서 항상 중국에서부터 나빠지고, 한국에 영향을 끼친다. 중국에서 멀어질 수록 공기가 깨끗하다. 일본만 해도 공기가 맑다. 중국과의 관계를 두려워해서 정부는 말을 아끼고 있는데, 중국에 보다 강하게 이야기해야 한다. 미세먼지 자금이 부족하다면 중국에 수출입하는 기업들에 미세먼지세를 붙여서 해결될 때까지 점차 늘리면 된다. 거기서 거둔 세금을 중국 미세먼지 퇴치에 쓸 수 있도록 중국 정부와 합의하면 된다고 생각한다.

중국의 모든 기업마다 미세먼지 배출량 측정을 의무화하고 미세먼지 배출량에 따라 세금을 더 내게 해야 한다. 중국도 미세먼지의 심각성을 알기 때문에 협력할 것이라고 본다. 협력하지 않는다면 중국에 수출입도 줄이고, 입국도 허가하지 않는다. 대외적으로도 중국의 잘못에 대해 계속 소리 낸다. 한국에서 폐 질환을 겪는 사람들의 메시지를 중국 사람들이 볼 수 있도록 광고한다. 할 수 있는 모든 수를 써서 미세먼지가 국가 존폐의 위기에 영향을 미칠 수 있다는 것을 제대로 보여줘야 한다.

두 번째의 주범은 자동차라고 생각한다. 특히 서울은 좁은 땅에 많은 자동차가 다니다 보니 공기 오염이 될 수밖에 없다. 승용차 요일제니 삼부제니 2부제(짝홀제)니 시행을 하지만, 그것을 지키는 자동차는 별로 없다. 지켜도 되고 안 지켜도 되는 제도는 대부분 안 지킨다.

자동차 운행량을 줄이려면 기름과 경유에 환경세를 강화해야 한다. 현재 기름값이 1ℓ에 2천 원이라면 약 4천 원으로 올리고, 그 2천 원의 잉여분을 버스요금 감면, 지하철 요금 감면에 쓰면 대부분 지하철이나 버스를 타고 다닐 것이다. 그 때문에 피해를 보는 일부 영업용 차량은 LPG를 쓰게 한다거나 연료비를 일부 지원하는 방식을 쓰면 된다.

만약 리터당 4천 원으로 올려도 안 된다면 만 원이나 2만 원으로 올리면 분명히 줄어들 수밖에 없다. 물론 자동차 회사나 정유 회사에서는 싫어할 것이다. 그래서 이런 시도를 하기 이전에 사회적합의가 중요하다. 미세먼지가 3년 이상의 수명을 단축시킨다는 보고서를 보면 감수해야 될 희생이라고 생각한다.

마지막으로 화력발전소를 위해서는 전기에 미세먼지세를 붙여야 한다. 특히 가정용 전기보다 많은 비중을 차지하고 있는 사업용 전기에도 누진제를 도입해서 사업자들도 전기를 낭비하지 않도록 해야 한다.

그러면 여름철에 에어컨 틀고 상점 문을 열어놓는 행위를 단속할 필요도 없다. 알아서 하지 않을 것이다. 그렇게 쌓인 세금으로 나무를 심고, 공기청정기나 마스크를 지원해서 저렴한 가격에 살 수 있게 한다.

제도의 핵심은 원인과 결과의 연결이다. 미세 문제를 해결하기 위한 것 이상이나 이하의 돈을 세금으로 거둘 필요는 없다. 그 이상의 돈을 거두면 부정부패에 쓰일 뿐이다. 미세먼지를 위한 세금을 걷어서 보육비 지원에 쓰면, 보육비를 지원받기까지 흘러가는 과정에서 부정부패가 발생하기 쉽다. 만약 차에서 나오는 미세먼지가 해결된다면 기름값 역시 대폭으로 줄여야 한다.

성경

하나님을
사랑하는 것

TOP 10

하나님께서 에덴동산과 아담을 만드시면서, 동산 가운데의 선악과는 먹으면 죽게 될 것이니 먹지 말라고 하신다 창세기 2:17. 하지만 아담은 끝내 그걸 먹는다. 바로 죽지는 않았지만, 결국 에덴동산에서 쫓겨나서 언젠가 죽는 삶을 살게 된다.

만약 당신에게 '사과'만 먹지 마라, 그러면 갖고 싶은 모든 것을 주겠다.'라고 한다면 당연히 사과를 먹지 않을 것이다. '사과 vs 모든것'이니까 쉽게 판단했을 것이다. 만약 당신에게 이것들만 먹지 않으면 병에 걸리지 않게 하겠다고 한다면 먹지 않을 수 있을까? 나처럼 결핵에 걸려서 6개월 이상 아파 본 경험이 있는 사람이라면, 당연히 먹지 않겠다고 할 것이다.

성경에서 하나님께서 어떤 음식들은 더러우니 먹지 말라고 말씀하셨다. 주로 청소부 역할을 하는 동물들인데, 육지에 사는 것 중에서는 되새김질을 하고, 발굽처럼 쪽이 갈라진 것만 먹어야 한다. 소, 양, 말은 먹을 수 있지만 돼지, 토끼는 먹을 수 없다. 그리고 바다에서는 지느러미와 비늘이 있는 것만 먹어야 한다. 조기, 꽁치, 참치는 먹을 수 있지만 뱀장어, 오징어, 조개는 먹을 수 없다. 그리고 새 중에서는 독

수리, 솔개, 말똥가리, 까마귀, 타조, 갈매기, 올빼미, 가마우지, 부엉이, 황새, 백로, 박쥐 등을 먹을 수 없다. 물론 이방인들에게는 피, 목매어 죽인 것, 우상, 음행을 제외하고는 허락하는 내용도 있다(p.338).

몇몇 학자들은 그 시대 때는 위생 관리가 어려워서 그때나 지키는 것이고 현재는 지킬 필요가 없다고 하기도 한다. 그런데 예수님도 율법의 일점일획이라도 없어지지 않을 것이다마태복음 5:18 라고 하셨고, 율법의 작은 것이라도 지키면서 사람들에게 지키라고 말하는 사람을 천국에서 큰 사람이 될 것이다마태복음 5:19 라고 하셨다.

물론 이런 것들을 먹는 세상에서 혼자만 먹지 않는 것은 어려운 일이다. 하지만 어려운 만큼 하나님께서 그 이상으로 보상해 주시리라고 믿기 때문에 나는 지키려고 노력한다. 건강할 수만 있다면 이것은 정말 작은 노력이라고 생각한다.

아담에 대해 궁금한 점은, 왜 하필 '하와(이브)'를 통해서 아담을 유혹했을까 하는 것이다. 물론 아담에게 가장 큰 영향을 미칠 수 있는 것이 이브였기 때문일 것이다. 내 생각에는

아마 아담을 직접 꾀는 것은 어려웠을 것이다.

세상의 첫 사람인 아담과 비슷하게 세상에서 가장 힘이 센 삼손도 여자 때문에 끌려가서 눈이 뽑혀 죽게되고, 역사상 가장 지혜롭다는 솔로몬도 이방 여자 때문에 십계명에서도 금하는 우상을 섬긴다. 욥조차도 마지막 벌을 받은 뒤 아내가 와서 하나님을 욕하고 죽으라고 한다. 아내가 그렇게 이야기한 게 아마도 욥한테는 가장 큰 충격이었을 것이다.

어느 정도 수련이 된 사람들은 타인에게 받은 상처는 쉽게 극복할 수 있다. 남들이 뭐라고 하는 것은 문제가 안 된다. 생각이 다를 수 있다. 하지만 자신이 가장 믿는 사람의 배신은 극복하기 어렵다.

배우자는 가장 가까이에서 내가 왜 그렇게 행동하는지 뻔히 안다. 그런데도 나쁘게 비난하는 것은 정말 견디기 어렵다. 그 바가지나 시험을 견딜 수 있는 사람은 세상에 없다고 보는 편이 맞을 것이다.

남편이 가족을 위해 얼마나 많은 시간을 들이고 희생하는지 알면서도 이기주의자라고 한다거나, 능력이 안 된다고 비난하는 것은 것은 사람으로서는 해서는 안될말이다.

하나님께서는 아담이 선악과를 먹게 될 것을 모르셨을까?

분명히 아셨을 것이다. 선악과가 존재하는 이상, 100년이 될지, 1,000년이 될지, 10,000년이 될지는 모르겠다. 언젠가는 먹었을 것이다. 그리고 그에 대한 대비(예수님) 또한 세상을 만들면서부터 하셨을 것이다.

내가 성경을 믿는 이유

예수께서 존재했을까? 실제로 보지 않는 이상 누구도 '존재했었다' 또는 현재 '존재하신다'라고 할 수는 없을 것이다. 예수님의 발자취나 제자들의 증언 또한 꾸며진 것이라고 우길 수도 있다. 믿음이란 하나님으로부터 오는 것이고, 자신이 믿고싶다고 믿을 수 있는 것도 아니다. 그럼에도, 논리적으로 믿는 것을 '증명해봐라'라고 한다면, 예수님의 존재의 증명은 어렵지만, 예수님께서 하신 말씀들의 상세함 때문에 실제로 있었던 일이라고는 말할 수 있다.

글을 쓰는 사람 입장에서 보면, 실제 없었던 일은 일정 이상 묘사하는데 한계가 있다. 대부분은 자신이 경험하고, 보고, 들은 것으로 '각색'해서 묘사한다. 예수님께서 하신 예화 중에 이런 것이 있다.

또 가라사대 어떤 사람이 두 아들이 있는데 그 둘째가 아비에게 말하되 아버지여 재산 중에서 내게 돌아올 분깃을 내게 주소서 하는지라 아비가 그 살림을 각각 나눠 주었더니. 그 후 며칠이 못되어 둘째 아들이 재물을 다 모아가지고 먼 나라에 가 거기서 허랑방탕하여 그 재산을 허비하더니, 다 없이한 후 그 나라에 크게 흉년이 들어 저가 비로소 궁핍한지라. 가서 그 나라

백성 중 하나에게 붙여 사니 그가 저를 들로 보내어 돼지를 치게 하였는데, 저가 돼지 먹는 쥐엄 열매로 배를 채우고자 하되 주는 자가 없는지라. 이에 스스로 돌이켜 가로되 내 아버지에게는 양식이 풍족한 품군이 얼마나 많은고 나는 여기서 주려 죽는구나.

내가 일어나 아버지께 가서 이르기를 아버지여 내가 하늘과 아버지께 죄를 얻었사오니. 지금부터는 아버지의 아들이라 일컬음을 감당치 못하겠나이다 나를 품군의 하나로 보소서 하리라 하고. 이에 일어나서 아버지께로 돌아가니라 아직도 상거가 먼데 아버지가 저를 보고 측은히 여겨 달려가 목을 안고 입을 맞추니. 아들이 가로되 아버지여 내가 하늘과 아버지께 죄를 얻었사오니 지금부터는 아버지의 아들이라 일컬음을 감당치 못하겠나이다 하나.

아버지는 종들에게 이르되 제일 좋은 옷을 내어다가 입히고 손에 가락지를 끼우고 발에 신을 신기라. 그리고 살진 송아지를 끌어다가 잡으라 우리가 먹고 즐기자. 이 내 아들은 죽었다가 다시 살아났으며 내가 잃었다가 다시 얻었노라 하니 저희가 즐거워하더라.

성경: 하나님을 사랑하는 것

맏아들은 밭에 있다가 돌아와 집에 가까왔을 때에 풍류와 춤추는 소리를 듣고 한 종을 불러 이 무슨 일인가 물은대. 대답하되 당신의 동생이 돌아왔으매 당신의 아버지가 그의 건강한 몸을 다시 맞아 들이게 됨을 인하여 살진 송아지를 잡았나이다 하니.

저가 노하여 들어가기를 즐겨 아니하거늘 아버지가 나와서 권한대. 아버지께 대답하여 가로되 내가 여러 해 아버지를 섬겨 명을 어김이 없거늘 내게는 염소 새끼라도 주어 나와 내 벗으로 즐기게 하신 일이 없더니, 아버지의 살림을 창기와 함께 먹어버린 이 아들이 돌아오매 이를 위하여 살진 송아지를 잡으셨나이다.

아버지가 이르되 얘 너는 항상 나와 함께 있으니 내 것이 다 네 것이로되, 이 네 동생은 죽었다가 살았으며 내가 잃었다가 얻었기로 우리가 즐거워하고 기뻐하는 것이 마땅하다 하니라 누가복음 15:11~32

이 글의 내용 중에 돼지가 먹는 것으로 자신이 먹고 배를 채우겠다는 생각을 하고, 그것조차 주는 사람이 없었다는 부분의 내용을 보면 실제로 있었던 일이라고 생각한다. 물론 구원에 대한 비유로 이 일화를 들려주신 것도 알고 있다.

그리고 내가 성경을 믿는 다른 이유는, 앞에서 나왔던 '성경의 공평 원리'가 진짜 사실인가를 계속 생각하면서 20년가량을 살았는데, 주변 사람 그리고 세상의 일들을 비춰볼 때, '공평하다'고 생각한다. 물론 하나님께서 허락하신 자유의지 범위가 너무 넓어서 공평하다고 단정 짓기는 어려울 것이다. 심지어 가인이 아벨을 죽일 때도 막지 않고 가만 놔두시기 때문이다.

인간과 자연의 복잡함을 보면, 성경을 떠나서도 어떤 창조자가 존재한다는 것은 분명하다. 나무 막대기가 10년이 지난다고 의자로 변하지 않는 것처럼, 사과가 수만년이 지난다고 배로 변할 수 없다. 원숭이가 인간이 될 수는 없다.

성경: 하나님을 사랑하는 것

나는 이 세상이 사후세계를 위한 훈련센터라고 생각한다. 일하고, 자녀를 키우면서 거의 매일 문제를 경험한다. 그렇게 정신적으로 더 성장하게 된다. 만약 문제가 터지고 있지 않다면, 하나님께서 당신을 사랑하고 계시지 않다는 뜻일 수도 있다. 하나님께서는 당신이 더 좋은 사람이 됐으면 하는 마음에 끝없는 문제를 주신다. 물론 문제가 생기는 근본 원인은 자신의 '욕심'이다.

더 많은 사람에게 봉사하려면, 그 사람들을 이해해야 되고, 그 사람들을 이해하려면 그 사람들이 겪는 일들을 겪어 봐야 한다. 그 일을 겪지 않고 그 일의 처지나 고통을 온전히 이해할만한 사람은 거의 없다.

많은 사람들은 자신이 부모에게 학대당했던 방식으로 자녀를 학대한다. 가난했던 사람들도 부자가 됐을 때 가난한 사람의 처지를 잊는다. 가난한 사람들을 착취해서 자신의 부를 키운다.

예수님과 하나님이 아무 일도 안 하고 있을 것이라 생각하지 않는다. 이 세상을 짓고, 성경에 쓰여진 말대로 세상을 다스리기 위해 하나님과 예수님께서는 최선을 다하고 계신다고 생각한다.

예수님께서 어떤 사람이 옳고 옳지 않음은 그 열매를 보고 판단하라고 하셨기 때문에, 거짓 목사들은 좋은 열매를 맺지 못하게 만들 것이다. 더 많은 시험을 주실 것이며, 더 큰 죄를 짓는 것을 보여주실 것이다.

사실 말씀이라는 것은 해석에 따라 귀에 걸면 귀걸이 코에 걸면 코걸이로 해석이 될 수도 있다. 하지만 그 사람의 행위에 있어서, 몇 가지 성경의 중대한 법(간음, 살인 거짓말 등)을 꾸준히 어기고 있다면 그 사람은 거짓 목사, 거짓 선지자이다.

음행하는 자나 더러운 자나 탐하는 자 곧 우상 숭배자는 다 그리스도와 하나님의 나라에서 기업을 얻지 못하리니 에베소서 5:5

술과 마약

내가 마약을 했던 경험은 딱 한 번, 폐수술을 하고 난 뒤에 진통제로 받았을 때였다. 성경에 '마약'을 하지 말라는 말은 없지만, 나는 하지 않을 것이다. 상당수의 범죄자가 '마약에 취해' 저지른 것을 봤을 때, 내가 마약에 취하면 정신을 차리지 못할 수도 있다. 그래서 앞으로 절대 마약은 하지 않을 것이다.

술하고 담배하고 어느 것이 더 나쁠까? 술로 가정을 파탄 낸 이야기는 들어봤어도, 담배로 파탄 낸 이야기는 못 들어봤다. 성경에 술이 좋지 않다는 말은 많이 나온다. 술이 뱀같이 물고 독사같이 쏠 것이라고 했고 잠언 23:32, 술을 좋아하는 사람을 사귀지 말라고 했고 잠언 23:20, 술을 좋아하는 사람은 천국에 가지 못할 것이라고 했다 고린도 전서 6:10.

　　나는 평소에는 술을 잘 마시지 않는다. 술을 마시면 그다음 날 더 피곤해서 효율이 떨어진다. 한 달에 한번 그것도 맥주 500mL를 마실까 말까 한다. 책 작업중에는 웬만해서는 안 마시고 책 작업이 끝나고 가끔 축하 겸 마신다. 술은 신께서 주신 귀한 시간을 헛되이 쓰게 만드는 것이다.

병이 오는 이유

예수께서 병을 치료하시고 하시는 말이 있다

> 예수께서 저희의 믿음을 보시고 중풍병자에게 이르시되 소자야 네 죄 사함을 받았느니라 **마태복음 9:6, 마가복음 2:5, 누가복음 5:24**

성경을 통틀어보면 병은 죄 때문에 온다. 죄를 짓지 않으면 병은 오지 않는다. 하나님은 공평하셔야 하기 때문이다.

물론 욥이나 맹인처럼 특수한 경우도 있지만, 대부분의 병은 '죄 때문'에 온다. 그리고 다윗의 일화들에 비춰보면 죄가 사해진다고 하더라도 '벌은 다르다'. 예수님을 믿는 사람들이라고 벌을 피해갈 수 없다.

> 그러므로 누구든지 주의 떡이나 잔을 합당치 않게 먹고 마시는 자는 주의 몸과 피를 범하는 죄가 있느니라.
> 사람이 자기를 살피고 그 후에야 이 떡을 먹고 이 잔을 마실지니, 주의 몸을 분변치 못하고 먹고 마시는 자는 자기의 죄를 먹고 마시는 것이니라.
> 이러므로 너희 중에 약한 자와 병든 자가 많고 잠자는 자도 적지 아니하니, 우리가 우리를 살폈으면 판단을 받지 아니하려니와, 우리가 판단을 받는 것은 주께 징

계를 받는 것이니 이는 우리로 세상과 함께 죄 정함을 받지 않게 하려 하심이라. 고린도 전서 11:27~32

병에서 낫기 위해 좋은 음식과 약을 먹는 것도 좋다. 모든 약에는 부작용이 있기는 하지만, 사람으로서는 노력해야 한다고 생각한다. 하지만 약을 먹는 것보다 더 중요한 것은, 자신의 죄를 깨닫고 다시는 죄를 짓지 않겠다고 다짐하는 것이다. 그리고 그 죄가 없어지려면 먼저 자기에게 잘못한 주변 사람들을 용서해줘야 한다. 주기도문에도 우리가 우리에게 죄 지은 자를 사하여 준 것같이 우리 죄를 사하여 주옵시고 마태복음 6:12 라고 써있다.

믿음이 크다면 약을 먹지 않는 것도 방법일 수는 있다고 생각한다. 어차피 사람이 죽고 사는 것은 하나님의 손에 달린 것으로 하나님께서 죽이겠다고 하시면 사람으로서는 어쩔 수 없다.

흔히들 배고픈 이상주의자보다는 배부른 현실주의자가 낫다고 하지만, 배부르고 죄를 범하는 현실주의자보다는, 배고프고 깨끗한 이상주의자가 낫다. 배부른 돼지보다는 배고픈 소크라테스가 낫다. 적어도 마음만은 편하기 때문이다.

죄는 언젠가 되돌아오게 되어있어서, 지속적인 죄는 시기가 문제지 '병'이라는 형태로 돌아온다. 그 사실을 믿는다면 쉽게 죄를 저지르지 않을 것이다.

흔히 예수님께서는 사랑이 넘치시고, 어떤 죄라도 사해주실 것이라고 믿는다. 하지만 성경 전체로 봤을 때, 하나님과 예수님의 사랑은 '공평'이라는 틀 안에서만 이루어진다.

예를 들어, 죽어서 지옥에 갔다. 내 가족만은 지옥에 오지 않았으면 해서 잠깐만 보게 해달라고 한다면, 하나님께 부탁하면 들어주실까?

한 부자가 있어 자색 옷과 고운 베옷을 입고 날마다 호화로이 연락하는데, 나사로라 이름한 한 거지가 헌데를 앓으며 그 부자의 대문에 누워 부자의 상에서 떨어지는 것으로 배불리려 하매 심지어 개들이 와서 그 헌데를 핥더라.

이에 그 거지가 죽어 천사들에게 받들려 아브라함의 품에 들어가고 부자도 죽어 장사되매, 저가 음부에서 고통 중에 눈을 들어 멀리 아브라함과 그의 품에 있는 나사로를 보고, 불러 가로되 아버지 아브라함이여 나를 긍휼히 여기사 나사로를 보내어 그 손가락 끝에 물을 찍어 내 혀를 서늘하게 하소서 내가 이 불꽃 가운데서 고민하나이다.

아브라함이 가로되 얘 너는 살았을 때에 네 좋은 것

을 받았고 나사로는 고난을 받았으니 이것을 기억하라 이제 저는 여기서 위로를 받고 너는 고민을 받느니라. 이뿐 아니라 너희와 우리 사이에 큰 구렁이 끼어 있어 여기서 너희에게 건너가고자 하되 할 수 없고 거기서 우리에게 건너 올 수도 없게 하였느니라.

가로되 그러면 구하노니 아버지여 나사로를 내 아버지의 집에 보내소서. 내 형제 다섯이 있으니 저희에게 증거하게 하여 저희로 이 고통 받는 곳에 오지 않게 하소서.

아브라함이 가로되 저희에게 모세와 선지자들이 있으니 그들에게 들을지니라. 가로되 그렇지 아니하니이다 아버지 아브라함이여 만일 죽은 자에서 저희에게 가는 자가 있으면 회개하리이다.

가로되 모세와 선지자들에게 듣지 아니하면 비록 죽은 자 가운데서 살아나는 자가 있을지라도 권함을 받지 아니하리라 하였다 **하시니라** 눅 16:21~31

매주 교회에 나간다고 구원을 받는 게 아니다. 목사님 말씀이라고 무조건 옳지도 않다. 수백 수천 개의 성경관련 종교에서 어떤 종교가 진실인지 판단하기는 어렵다.

결국 성경을 봐야 한다. 말로는 하나님을 사랑한다고 하면서, 성경은 한 번도 못 읽어 봤고, 하나님께서 지키라고 한 율법은 지킬 필요가 없다고 하는 사람들도 있다. 하지만 성경은 말한다.

하나님을 사랑하는 것은 이것이니, 우리가 그의 계명 들을 지키는 것이라 요한일서 5장 3절

바꿔 말하면 하나님의 계명을 지키지 않는다면, 하나님을 사랑하는 것이 아니다.

예수님 이후에는 모든 것이 용서로 바뀌었고, 법이 느슨해졌다고 하지만 성경은 다르게 말한다. 오히려 예수님 이후에 법이 더 강해졌다.

　　　하나님께서는 남녀가 맞지 않으면 이혼증서를 써서 이혼하라고 했지만, 예수님은 외도 외에는 이혼하지 말라고 하셨다.

하나님께서 하시는 말씀이 있고, 예수님께서 하시는 말씀이 있고, 바울께서 하시는 말씀이 있다. 그들 각각의 권위와 그 말에 대한 책임의 크기는 다르다.

　　　예를 들면, 하나님께서 '안식일에 선한일 생명을 살리는 일 하는 것이 옳다(예수님께서 하신 말씀)'라고 하셨다면, 사람들은 혼란스러웠을 것이다. 어디까지가 선한일이고 생명을 살리는 일이냐고 반문할 것이고, 안식일을 어겨 죽임을 당했던 사람은 억울했을 것이다.

　　　예수님께서 일하지 않은 자는 먹지도 말라(바울께서 하신 말씀)고 했다면, 일을 하고 싶어도 신체적 이유나 사회적 이유로 일할 수 없는 사람에게 큰 상처가 됐을 것이다.

전도할 때 기독교에서 '예수 믿으세요'란 말을 많이한다. 과연 예수 믿는다는 게 무슨 뜻인지 알고 하는 말일까?

예수님이 죽었다가 살아난 것을 믿는다는 것은 예수님이 자신의 죄를 없애기 위해 죽은 것을 믿는것이고, 그 로 인해 앞으로 자신을 위해서가 아니라, 예수님을 위해 사는 것을 뜻한다. 예수님을 위해 사는 것은 그의 말이 모두 옳다고 믿고, 그의 하나님에 대한 사랑과 이웃에 대한 사랑을 실천하며 사는 것을 말한다.

그가 모든 사람을 대신하여 죽으심은 살아 있는 자들로 하여금 다시는 그들 자신을 위하여 살지 않고 오직 그들을 대신하여 죽었다가 다시 살아나신 이를 위하여 살게 하려 함이라 고후 5:15

인간으로서는 율법을 모두 지킬 수 없으니 지킬 필요가 없다고 주장하기도 한다. 하지만, 모두 지킬 수 없어도 율법을 지키려고 노력해야 한다. 물론 율법을 지키는 것으로 구원받는 것은 아니지만, 적어도 지키려고 노력해야 한다.

다시 말해 예수님께서 자신의 죄를 모두 대속했으니까 율법을 어기면서 살아도 천국 갈 수 있다고 말하는 종교가 있다면, 분명히 사이비다.

노아의 법

이스라엘 사람들이 아닌 사람들은 어떤 법을 지켜야 할까? 성경에는 적혀있지 않지만, 노아의 홍수가 끝나고, 하나님께서는 노아에게 7개의 법을 주셨다. 세상이 타락하는 것을 막기 위한 최소한의 법이라고 생각한다. 이 법은 성경을 믿고 안 믿고에 상관없이 모든 사람들이 지켜야 하는 법이다.

1 정의를 판단하는 재판소가 있을 것. 당사자끼리는 힘으로써 해결하려고 해서는 안 된다.

2 살인을 범해서는 안 된다.

3 도둑질을 해서는 안 된다.

4 살아 있는 동물로부터 살을 떼어 먹어서는 안 된다.

5 간음해서는 안 된다.

6 근친결혼을 해서는 안 된다.

7 우상을 숭배해서는 안 된다.

2, 3, 5, 7은 성경의 십계명에도 있는 내용이다. 힘으로 문제를 해결하거나, 살아있는 동물의 일부 살만 떼어 먹는 것은 상식적으로도 비윤리적이다. 노아의 홍수가 있기 전에는 저런 일들이 세상에 많았나 보다. 아마도 저 이유들 때문에 노

아를 제외하고는 멸망을 시킨 것 같다.

3, 6, 7번은 현실 세계에도 많이 일어나는 일이다. 직접 도둑질을 하지는 않아도, 불법 소프트웨어를 쓴다거나, 가정의 쓰레기를 공공 쓰레기통에 버린다든지 하는 것 또한 도둑질이다.

간음에 대해서는 일차적으로는 성폭행이 간음이다. 하지만 예수님께서는 배우자 외의 모든 성관계가 간음이라고 하셨다. 배우자를 버리는 것 또한 간음이라고 하셨다 나는 너희에게 이르노니 누구든지 음행한 이유 없이 아내를 버리면 이는 그로 간음하게 함이요 마 5:32.

우상 숭배는 제사 지내는 것이 포함된다. 조금 넓게 보면 부처님상이나 예수님 형상, 마리아 형상 또한 우상 숭배이다(너를 위하여 새긴 우상을 만들지 말고, 또 위로 하늘에 있는 것이나, 아래로 땅에 있는 것이나 땅아래 물 속에 있는 것의 어떤 형상도 만들지 말며, 그것들에게 절하지 말며, 그것들을 섬기지 말라. 출애굽기 20:4~5). 더 넓게 보면 사람을 신격화하는 것 또한 우상숭배다. 자신이 어떤 연예인이나 돈을 신처럼 믿고 있는 것 또한 포함될 수 있다 에베소서 5:5.

모든 법은 사람을 위해 존재한다. 교통 신호를 지키는 것은 내가 안전하기 위한 것이다. 저 법을 지킨다고 하나님께 어떤 혜택이 돌아가는 것은 아니다. 다만 저 법을 어겼을 때는 그 사람의 인생에 큰 피해가 가게 된다.

성경: 하나님을 사랑하는 것

예수님 이전에는 유태인들처럼 살지 않고서는 유태인이 될 수 없었다. 예수님 이후에 이방사람들에게도 하나님 말씀이 전해진다. 이방 사람들이 하나님 말씀을 어디까지 지켜야 하는지에 대해 오랜 논쟁이 있었는데, 성경에 무려 3번이나 등장하는 말씀이 있다.

> 그러므로 내 의견에는 이방인 중에서 하나님께로 돌아 오는 자들을 괴롭게 말고 다만 우상의 더러운 것과 음행과 목매어 죽인 것과 피를 멀리 하라고 편지하는 것이 가하니 사도행전 15:19-20
>
> 우상의 제물과 피와 목매어 죽인 것과 음행을 멀리 할지니라 이에 스스로 삼가면 잘 되리라 평안함을 원하노라 하였더라 사도행전 15:29

예수님을 얼만큼 믿어야 구원을 받을 것인지에 대해 정확한 것은 나도 모른다. 다만, 자기 자신보다도 성경 말씀을 더 소중하게 생각해야 구원받는다고 한다.

> 무리와 제자들을 불러 이르시되 아무든지 나를 따라 오려거든 자기를 부인하고 자기 십자가를 지고 나를 좇을 것이니라. 누구든지 제 목숨을 구원코자 하면 잃

을 것이요 누구든지 나와 복음을 위하여 제 목숨을 잃

으면 구원하리라 마가복음 8:34~35

다시 말해 자신이 원하는 것과 성경적으로 옳은 것 중에 성

경적으로 옳은 것을 선택할 만큼의 믿음은 필요하다고 생각

한다. 그래서 그런 믿음이 옳다고 말하는 종교가 그나마 구

원받을 확률이 높다고 생각한다.

　　나는 친아버지 영향으로 성경을 믿게 됐다. 그리고

아버지처럼 어떤 종파에 속해있지 않고, 매일 성경을 읽고,

혼자 하나님을 믿고 있다. 그런데 이런 삶은 힘든 삶이다. 보

통의 사람이 견디기 어렵다. 그래서 종교를 추천해준다면

'제7일 안식일 교회'나 '여호와의 증인'을 꼽고 싶다. 제7일

안식일 교회는 먹는 것이나 안식일 등 성경 말씀을 지키려

고 하고 있고, 여호와의 증인은 '피와 목애어죽인것, 음행,

우상'을 지키려고 한다. 심지어 수혈도 안 하고, 양심을 이유

로 군대도 가지 않는다.

　　물론 예수님께서 안식일에 '생명을 살리는 일'이 중

요하다고 하시는 것에 비춰보면, '수혈하더라도 생명을 살

리는 것이 더 옳다'고는 생각한다.

성경: 하나님을 사랑하는 것

진시황은 영원히 살기 위해 불로초를 찾았지만 49세에 죽게된다. 성경의 에덴동산에는 생명을 연장하는 열매가 있었고, 아담은 그 영향으로 930세까지 산다. 금전적으로는 다 가진 삼성의 이병철 회장도 결국 죽음을 맞이할 수밖에 없었고, 죽기 전에 삶의 의미에 대해 많은 고민을 하셨다.

성경에는 영원히 살고 싶었던 부자 청년이 있었다. 갖고 싶은 것을 다 가진 후 영원히 누리고 싶었을 것이다.

예수께서 길에 나가실새 한 사람이 달려와서 꿇어 앉아 묻자오되 선한 선생님이여 내가 무엇을 하여야 영생을 얻으리이까?

예수께서 이르시되 네가 어찌하여 나를 선하다 일컫느냐 하나님 한 분 외에는 선한 이가 없느니라 네가 계명을 아나니 살인하지 말라, 간음하지 말라, 도적질하지 말라, 거짓 증거하지 말라, 속여 취하지 말라, 네 부모를 공경하라 하였느니라.

여짜오되 선생님이여 이것은 내가 어려서부터 다 지키었나이다.

예수께서 그를 보시고 사랑하사 가라사대 네게 오히려 한 가지 부족한 것이 있으니 가서 네 있는 것을 다

팔아 가난한 자들을 주라. 그리하면 하늘에서 보화가
네게 있으리라. 그리고 와서 나를 좇으라. 하시니
그 사람은 재물이 많은 고로 이 말씀을 인하여 슬픈 기
색을 띠고 근심하며 가니라. 예수께서 둘러 보시고 제
자들에게 이르시되, 재물이 있는 자는 하나님의 나라
에 들어가기가 심히 어렵도다. 하시니 제자들이 그 말
씀에 놀라는지라. 예수께서 다시 대답하여 가라사대
얘들아 하나님의 나라에 들어가기가 어떻게 어려운지
약대가 바늘귀로 나가는 것이 부자가 하나님의 나라
에 들어가는 것보다 쉬우니라. 하신대 막 10:18~25

예수님은 '나를 믿기만 하면 하나님 말씀을 안 지켜도 구원
을 받을 수 있다'라고 말씀하시지 않았다. 먼저 하나님의 말
씀을 지켰냐고 물었고, 온전해지고 싶다면 가진 모든 것을
버리고 나를 따르는 것을 하라 하셨다.

예수님을 믿으면 구원받는다는 것은, 그가 죽었다 살
아나심을 믿는다고 해결되지 않는다. 예수님의 말씀을 지키
는 것이 예수님을 믿는 것이다. 예수님께서는 '하나님과 이
웃을 사랑하라고'하셨다. 하나님 사랑은 하나님께서 주신

계명을 지키는 것이고, 이웃사랑은 다른 사람을 위해 봉사하며 사는 것이다. 얼마만큼 지켜야 할지는 정확히 알 수는 없지만, 부자 청년의 일화에 비춰봤을 때 자신이 하고 싶은 것보다 하나님 사랑과 이웃사랑을 더 중요시하는 자세가 필요하다.

부자 청년에게는 가진 모든 것을 버리고 나를 따르라고 하셨기에, 다른 사람에게도 가진 모든것을 버리고 나를 따르라고 하셔야 공평한 것이다. 그게 아니라면 그 부자 청년은 예수님께 왜 저한테만 과한 요구를 하셨냐고 따질 것이다. 성경 말씀을 지키고 옳은 삶을 살면서, 누구나 부자 청년 같은 선택의 기로에 놓이리라 생각한다. 적어도 그 부자 청년이 겪었던 힘듦을 겪어야 하나님께서 공평하시기 때문이다.

인생은 결국 사후세계를 위한 훈련과정이라고 생각한다. 아무리 행복하게 살았어도 천국에 들어가지 못한다면 의미 없다. 자신이 믿는 게 교회라는 공동체인지, 목사님이라는 권위인지, 하나님의 말씀인지는 깊이 생각해 볼 필요가 있다.

나 역시 하나님을 위해 내가 가진 모든 것을 버려야 한다면, 언제든지 버릴 수 있다는 마음 자세는 갖고 있다. 내가 가진 재물과 앞으로 가질 재물이 내 태도를 변화시킬 만큼 잘못된 것이라면 주지 말아 달라고 기도한다.

　　톨스토이는 농토를 농민들에게 돌려줘야 한다고 지속해서 주장을 했고, 그 말을 실천하기 위해 말년에 자신의 농토 전부를 농민들에게 돌려줬다가 아내와 싸워서 가출했다. 결국 얼어 죽은 채로 발견됐지만, 부자가 천국에 가는 게 낙타가 바늘귀에 들어가는 것보다 어렵다는 말이 얼마나 강한 의지가 아니면 안 되는지 느낄 수 있게 해준다.

　　희망이 되는 것은 부자 청년과의 일화 뒤에 예수께서 저희를 보시며 가라사대 사람으로는 할 수 없으되 하나님으로는 그렇지 아니하니 하나님으로서는 다 하실 수 있느니라 마 10:27 라고 하셨다는 것이다. 하나님의 은혜를 바랄 뿐이다.

성경: 하나님을 사랑하는 것

이 책을 읽어주신 분들께 진심으로 감사드립니다. 세상에 좋은 책들이 많지만, 한 권이라도 실천하는 것이 더 의미 있습니다. 다른 책을 보기보다는, 이 책을 2~5번 더 보는 것을 추천합니다. 그리고 책을 읽으면서 책의 모서리를 접어서 가장 필요한 구절에 표시하시고, 그중 10개만이라도 따로 적어서 반복해서 읽으면서 꼭! 실행에 옮겨보세요.

궁금하신 점은 miklish.com의 질문, 답변 게시판에 적어주시면 3일 내에는 답변해 드립니다. 영어출판사라 영어 관련 질문이 많지만 다른 질문도 상관없습니다.

공개하기 어려운 것은 iminia@naver.com으로 연락해주세요. 꼭 답변 드립니다. 중요한 일을 먼저 하느라 바쁠 때는 읽고 까먹을 수도 있으니 3일 내에 답변이 없으면 다시 메일주세요.

급한 질문은 010-4718-1329로 문자나 전화를 주셔도 좋습니다. 다만 다른 책 집필과 강의 때문에 시간적 여유가 없을 때가 많으니 전화 연락은 자제해주세요. ♔

Memo

Memo

사람으로서 할 수 없는 것들을 이루게 해주시는 **여호와**께, **예수**께 감사드립니다.
어리석은 자들아 겉을 만드신 이가 속도 만들지 아니하셨느냐 누가복음 11:40

아내 **이향은**과 **부모님**들(이순동, 김분란, 황오주, 김행자)께 감사드립니다. **루나**와 **다하**에게 이 책이 도움이 됐으면 좋겠습니다.

영어와 디자인을 가르쳐 주신 선생님들(**강수정, 김경환, 김태형, 문영미, 박태현, 안광욱, 안지미**)께 감사드립니다.
깐깐하게 부탁해도 요구를 들어주신 동양인쇄 **구완모**(01062647324) 차장님, 보관과 배송에 힘써주시는 출마로직스 **윤한식**(01052409885) 대표님께 감사드립니다.

독자분들께 책을 소개, 판매해주시는 교보문고(**김서현, 김효영, 장은해, 허정범**), 랜스토어(**김선희, 한광석, 홍정일**), 리디북스, 북센(**송희수, 이선경**), 반디앤루니스(**박병찬, 김은진**), 세원출판유통(**강석도**), 알라딘(**김채희**), 영풍문고(**임두근, 장준석**), 인터파크(**김지현, 김희진**), 한성서적(**문재강**), 오프라인 모든 MD분들께 감사드립니다.

판매에 도움을 주시는 여산통신(027369636 **조미영, 조영관**), 콜롬북스(01022947981 **이홍열**), 네이버 카페, 블로그, 포스트, 사전, 블로거분들, **잡지사** 관계자분들, **신문사** 관계자분들께 감사드립니다.

꾸준히 마이클리시 책을 구매해주시고, 응원해 주시는 **독자분들**께 진심으로 감사드립니다. 즐겁게 영어 공부하실 수 있도록 최선을 다해 돕겠습니다.

TOP10 돈꿈사

1판 1쇄	2018년 1월 14일
지은이	Mike Hwang
발행처	Miklish
주소	서울시 서대문구 홍제동 156-361, 501호
전화	010-4718-1329, 070-7566-9009
홈페이지	miklish.com
e-mail	iminia@naver.com
ISBN	979-11-87158-07-3

국립중앙도서관 출판예정도서목록(CIP)

Top10 돈꿈사 : 3가지 소원의 10가지 비밀 /
Mike Hwang 지음
서울 : Miklish, 2018   352p. ;   12.7cm X 18.8cm

ISBN 979-11-87158-07-3 03190 : ₩14000
ISBN 979-11-87158-06-6 (세트) 04190

인생훈[人生訓]

199.1-KDC6
179.9-DDC23   CIP2017032938

꿈을 이루는
선물이 담겨있습니다